Was man über Friesenhäuser wissen sollte

Was man über Friesenhäuser wissen sollte

Georg Quedens

Ellert & Richter Verlag

Inhalt

Das Haus in der Landschaft

Landschaften werden geprägt durch die Erscheinungsformen der Natur – und durch die Bauwerke des Menschen. Das gilt besonders für die ausgedehnten Marschen an der Nordseeküste, die den Blick auf den ganzen Horizont freigeben, wo Höfe und Haubarge – von windverbogenen Bäumen umgeben – wie einsame Hügel in grüner Weite liegen; auch für die Halligen im Wattenmeer, deren Warften ihre Häuser gleichsam in den Himmel heben, und für die Geest- und Düneninseln, auf denen sich die Reetdachhäuser zu Dörfern zusammendrängen oder auf ebener Heide unter dem Wind ducken.

Jahrtausendelang entwickelten sich gerade hier die Häuser und Höfe aus einer langen Tradition, die sich nach dem Klima, dem verfügbaren Baumaterial und der praktischen Nutzung, aber auch nach dem Gefühl ausgewogener Gestaltung richtete. Und weil diese Bauwerke aus und mit der Natur gewachsen sind, verwuchsen sie mit der Landschaft und bildeten mit ihr eine harmonische Einheit. Ohne Architekten, Baubehörden und Vorschriften waren die Häuser überaus funktional gestaltet – und doch schön, mit handwerklicher Kunstfertigkeit und gutem Gespür für Proportionen, Formen

Hallighorizont. Wie ein Strich liegt das flache Halligland – etwa einen Meter hoch über dem Meeresspiegel – auf dem Horizont. Nur die Warften, künstliche Hügel, ragen deutlich heraus. Hier drängen sich die Häuser zum Schutz gegen Sturmfluten zusammen.

und Farben. Höfe und Häuser der alten Art waren und sind eine Zierde der Landschaft am Meer.

Auffallend ist, dass fast alle älteren Friesenhäuser in West-Ost-Richtung gebaut wurden, um mit ihren Schmalseiten dem häufigen Westwind wenig Widerstand zu bieten – auf den Halligen auch den bei sehr hohen Sturmfluten heranbrausenden Wellen. Mit dieser Ausrichtung schützten sich die Häuser praktisch selbst gegen die Wetterunbilden an der Meeresküste. Die Ausrichtung der Längsfront nach Süden bedingte aber auch die Lage der Wohnstuben zur Sonnenseite – ganz wichtig für die Atmosphäre in den Wohnräumen, während die Stuben zur Nordseite eher zum Schlafen oder anderweitigen Aufenthalt, aber nicht zum gemütlichen Verweilen genutzt wurden. Norderstuben sind dunkel und oft feucht, machen krank und schwermütig – auch in heutigen, modernen Wohnungen.

War die West-Ost-Richtung der Häuser eine Maßnahme gegen Wind und Wetter, so war das Pflanzen von Bäumen eine andere. Im Lauf der Zeit erkannten die Friesen, dass es Baumarten gibt, die sich besonders gut gegen den Wind zu behaupten wissen und die trotz der harten klimatischen Bedingungen auch in dieser Landschaft groß werden. Das waren vor allem Ulmen, die zeitweilig vor den Häusern und in den Dorfgärten aufwuchsen und mancherorts, so in Keitum auf Sylt, in Nieblum auf Föhr und in Nebel auf Amrum, regelrechte Alleen bildeten – bis es dann tragischerweise in den 1980er-/90er-Jahren überall im Land zu einem umfassenden, ja fast totalen „Ulmensterben" kam –

durch den Ulmensplintkäfer, der sich in die Stämme bohrte und Zugang für einen Pilz schuf, der binnen kurzer Zeit auch die prächtigsten und größten Ulmen absterben ließ.

In den Dorfgärten hingegen dominierten Birnbäume, auch sie von allen Obstbaumarten am wenigsten windempfindlich. Ganz früher galt allerdings an der Küste sowie auf Inseln und Halligen die Ansicht, dass Bäume hier wegen der salzigen Seewinde nicht wachsen können, und tatsächlich wiesen die meisten Dörfer noch bis weit in das 19. Jahrhundert hinein kaum Baumwuchs auf. Entsprechend fehlte es in den Dörfern dann auch an Sing- und sonstigen Vögeln. Die Meinung, dass Bäume an Meeresküsten nicht wachsen können, war falsch, wurde aber von Generation zu Generation weitergegeben. Erst seit dem 19. Jahrhundert, nicht zuletzt durch den Fremdenverkehr, kam es zu einer teilweise intensiven Begrünung der Hausgärten und zur Anlage von Parks sowie zum Pflanzen von Blumen. Hausgärten dienten vor allem dem Anpflanzen von Grünkohl, dem einzigen damals bekannten Gemüse der Inselfriesen.

Friesenhäuser mit Reetdächern, Giebeln und ihren anderen typischen Merkmalen sind heute noch in erstaunlich großer Zahl an der Küste und auf den Inseln vorhanden. Das ist umso bemerkenswerter, als sie sich seit der Mitte des vorigen Jahrhunderts gegenüber der Zweckarchitektur des Fremdenverkehrs behaupten müssen, die manches auf den Kopf gestellt hat. Dafür sind Westerland auf Sylt, Wittdün auf

Friesenhäuser mit blühenden Birnbäumen. Diese, oft knorrig verwachsen, haben sich an der windreichen Nordseeküste noch am besten bewährt und waren früher wichtig als Lieferanten von Obst.

Friesenhaus in Keitum auf Sylt mit dem auf Sylt typischen Spitzgiebel – während andernorts der Backengiebel dominierte. Der Backengiebel ermöglichte den zusätzlichen Einbau eines Zimmers.

Amrum, St. Peter-Ording auf Eiderstedt oder Büsum an der Küste von Dithmarschen ebenso wie die Badeorte auf den Ostfriesischen Inseln deutliche Beispiele. Hier ging die Architektur von Anfang an den Weg über hochgeschossige Logierhäuser, wilhelminische Hotels und Jugendstilvillen außerhalb der landschaftsgerechten Stiltradition bis hin zu den Appartementblöcken der Gegenwart. Ein trauriger Allerweltsstil, den man mittlerweile in allen Reisekatalogen findet. Ob an der Nord- und Ostsee, am Mittelmeer, in Florida oder Ostafrika oder auf Hawaii – überall gleichen sich die Bilder der Touristensilos und Betongebirge.

Aber der Fremdenverkehr ließ leider auch historische Bausubstanz nicht unangetastet. Im Modernisierungswahn der letzten Jahrzehnte wurde manches originale Friesenhaus durch „zweckmäßige" Anbauten – oft mit Flachdächern – verschandelt. Handwerklich gestaltete, oft verzierte oder farblich ausgeschmückte Holztüren wurden durch andere aus rostfreiem Aluminium ersetzt. Besonders viele alte Häuser litten und leiden unter der Umgestaltung der Fensterfronten. Die ursprünglichen, durch Sprossen aufgegliederten Fenster mussten den großen, im Verhältnis zur Wandfläche unpassenden „Wohnstubenfenstern" und sprossenlosen Kunststoffrahmen weichen, die in den Mauern wie tote Augenhöhlen wirken – buchstäblicher Ausdruck des gestorbenen guten Geschmacks.

Ja, es verbreitete sich im Zuge von „Sanierungsmaßnahmen" für den Fremdenverkehr in den 1960er-/70er-Jahren mancherorts die Meinung, dass Kurgäste nur in „modernen“ Häusern beziehungsweise Stuben wohnen mögen. Und so begann man in etlichen Friesenhäusern die Fliesen von den Wänden zu klopfen – besonders in einigen Dörfern auf Osterlandföhr – um die glatt verputzten Wände mit Tapeten zu „verzieren“. Es war, in der heutigen Rückschau, unfassbar, wie ein schlechtes Beispiel zur Nachahmung führte. Die damals abgeschlagenen Fliesen wurden als Einzelstücke verkauft oder landeten auf der Bauschuttdeponie. Es gab allerdings auch Maurermeister, die um den Wert der Fliesen wussten und diese aufbewahrten, um sie dann in anderen Häusern wiederzuverwenden. Die Wiederverwendung erfolgte dann vor allem in Häusern, die von Auswärtigen gekauft oder neu gebaut wurden, während die Insulaner nun mit tapezierten Stuben um Kurgäste warben – bis sie merkten, dass diese viel lieber in einem gemütlichen Friesenhaus wohnen.

Wenn heute Zweckmäßigkeit den Baustil bestimmt, werden fast immer Konzessionen an die Gestaltung gemacht. Urwüchsige Gegenden in aller Welt wurden durch Funktionsgebilde im Tankstellen-, Bunker- und Legostil verdorben. Insbesondere in den Nachkriegsjahren hat eine Armee sogenannter progressiver und avantgardistischer Architekten mit Blech, Beton und Glas ganze Landschaften verwüstet und jegliches Wohn- und Heimatgefühl zerstört, unterstützt von einer Bauindustrie und ihren irregeleiteten Helfern, die mit „modernen“ Baustoffen wie Glasbausteinen, Kunststoff-Fassaden, Chromleisten und ähnlichen Din-

Friesenhaus in Nebel auf Amrum mit dem aus Feldsteinen und Erde aufgesetzten Grundstückswall, wie er allgemein üblich war und noch immer gültig ist. Hier durch die Liebe der Bewohner noch mit Blumen und Dornenrosen geschmückt.

gen jegliche Originalität und Tradition vernichteten. Alte handwerkliche Details und Verzierungen wurden aus Putz- und Pflegegründen weggeklopft. Gebaut wurde aber nicht nur gegen den guten Geschmack, sondern auch vorbei an den klimatischen Gegebenheiten und jahrtausendealten Erfahrungen der Menschen am Meer. Schulen, Schwimmbäder, Kurhallen und andere öffentliche Gebäude – mit staatlichen Mitteln finanziert – erhielten ungeachtet der sturmreichen Küsten- und Insellandschaft ein Flachdach und müssen heute, nur wenige Jahre nach ihrer Entstehung, erneut mit öffentlichen Geldern renoviert werden, weil sie nicht genug vor Regen, Schnee und Wind schützen. Mancherorts, und gerade in der Küstenmarsch, auf Inseln und Halligen, verformten landwirtschaftliche „Sanierungsmaßnahmen" die Harmonie des Landschaftsbildes und der gewachsenen Bautradition. Alte Höfe und Häuser wurden weggebaggert und durch moderne Zweckbauten ersetzt. Man vergleiche das Bild der früheren Bauernhöfe in den Dörfern von Föhr mit den „Fabrikhallen" der Aussiedlungsmaßnahmen, die in den 1960er-Jahren entstanden; oder das neue Bild der Halligwarften mit den „sanierten" Häusern, denen hinsichtlich der Proportionen und der landschaftsfremden Baustoffe jegliche Schönheit und jeder Vergangenheitsbezug fehlen. Man wandert an ihnen und ähnlichen Bauwerken vorbei, ohne mehr als einen Blick darauf zu verschwenden. Kein Maler käme auf die Idee, Gebäude dieser Art auf die Leinwand zu bannen, kein Fotograf auf den Gedanken, derartige Motive für

Bücher oder Postkarten festzuhalten – es sei denn, es handelte sich um eine Auftragsarbeit. Früher gingen Gemälde von Halligwarften und Bauernhöfen in den Marschen um die ganze Welt. Viele Menschen aber registrieren die Zerstörung der Landschaft und des Heimatbildes gar nicht mehr. Zu Hause, in den Dörfern und Städten, sieht es ja nicht viel anders aus ...

Diese Entwicklung, in den Nachkriegsjahrzehnten beinahe brutal betrieben, ist allerdings nicht neu. Was für unsere Gegenwart gilt, wurde schon 1929 von Lorenz Conrad Peters im „Nordfriesland-Buch" festgestellt:

„Das Gesicht unserer Heimat ist nicht mehr so schön, wie es früher war. Die viel gepriesene Zivilisation hat es verschandelt. Vor allem hat der Mensch die natürliche Anmut seines Lebensraumes durch sein Haus verdorben, das doch besonders schön sein müsste, weil es der Bewohner ständig vor Augen hat, und es am ehesten die Gelegenheit bietet, das menschliche Bedürfnis nach Schmuck zu befriedigen. Des modernen Menschen schlimmer Nützlichkeitssinn aber stellt jede Rücksicht beiseite, und nun, nachdem die große Menge der Bevölkerung sich an den Anblick hässlicher Häuser gewöhnte, hat sie den Sinn für heimatliche Kunst in der Bauweise eingebüßt und damit zugleich die Ehrfurcht vor einem alten Erbgut verloren ..."

Friesenhaus in Süddorf auf Amrum (oben).

Das Pastorat der „Dorfkirche“ in Westerland auf Sylt.

Friesenhaus mit einer Baumallee in Oevenum auf Föhr und darunter eine Dorfstraße in Boldixum.

Bauboom und Modernisierungsrausch

Kurz nach der vorigen Jahrhundertwende gab es Männer, die die optische Umweltzerstörung durch eine stillos gewordene Architektur erkannten. Der damalige Landrat des Kreises Tondern, Friedrich Rogge, gründete zusammen mit dem Kieler Architekten Carl Voß im Jahr 1908 den Verein „Baupflege Kreis Tondern“, dem sich bald zahlreiche Gleichgesinnte anschlossen, darunter etwa 60 Bauhandwerker. Durch Veröffentlichungen – auf den Fremdenverkehrsinseln Sylt, Föhr und Amrum beispielsweise mit einer Postkartenserie über landschaftsgerechte Häuser – sowie durch Vorträge und individuelle Bauberatung wurde gegen die „landschaftsverderbenden Blech- und Pappbauten“ gefochten und auch ein gewisser Erfolg erzielt. Der Erste Weltkrieg und die Abstimmung im deutsch-dänischen Grenzraum, die zur Trennung des Kreises Tondern in einen dänischen und einen deutschen Teil führte, beendete die Arbeit des Vereins, dessen Ideen aber noch bis in die 1930er-Jahre hinein wirkten und manche mögliche Verschandelung verhinderten. Persönlichkeiten wie Landrat Rogge haben in den 1960er-Jahren, als ein Bau- und Sanierungsboom, schlimmer als eine Sturmflut, über Marschen und Inseln an der

Nordseeküste hinwegging, bei den Baubehörden der friesischen Landschaften gefehlt.
Erst in den letzten Jahren haben sich durch Initiativen Einzelner die Ansichten geändert und beginnen sich bei Behörden, Architekten und Bauherren jene durchzusetzen, die sich einer traditionellen Bauweise, auch bei Neubauten, verschrieben haben. Zur staatlichen Unterstützung der Denkmalspflege kommen ideelle Bewegungen wie etwa die IG Baupflege, die über Nordfriesland hinaus wirkt und zunehmend Erfolge verbucht. Es geschieht zwar immer noch, dass alte Friesenhäuser und Bauernhöfe abgerissen oder durch „Modernisierung" stilistisch vernichtet, Dorfstraßen für den autogerechten Durchgangsverkehr aufgebrochen und verbreitert werden. Aber es passiert nicht mehr ohne Widerspruch oder schlechtes Gewissen. Die Erkenntnis wächst, dass schöne Häuser und stilvolles Wohnen einen Lebenswert darstellen, der mit Geld nicht aufzuwiegen ist. Dabei bezieht sich das „schönere" Wohnen nicht auf den neuzeitlichen Wohnkomfort, auf die Ausstattung des Hauses mit der „Nasszelle", dem Badezimmer, mit Sauna, Solarium oder anderen energieaufwendigen Einrichtungen –, sondern auf den harmonischen Anblick und das angenehme Bewohnen wohlgestalteter Architektur, so, wie man sich über eine schöne Landschaft und an einem bunt gewachsenen Blumengarten erfreut.
Was vor wenigen Jahren noch als „alt" und „unmodern" beseitigt wurde, wird heute mit viel Liebe – und auch oft mit staatlicher Förderung (Dorferneuerung) – wie-

der restauriert. Man bewohnt alte Häuser mit einem behaglichen Gefühl – ganz anders als das anonyme Hochhausappartement oder einen Flachdachbungalow. Das schöne Mobiliar der Vorfahren – sofern nicht im Modernisierungsrausch der ersten Nachkriegsjahrzehnte der Sperrmüllabfuhr anheimgegeben – kommt wieder zu Ehren. Und mancher wüsste jetzt gern, wo genau in der Mülldeponie der seinerzeit ausrangierte Bauernschrank, die mit Zierbeschlag versehene Seemannskiste oder die damals abgeschlagene Fliesenwand der Wohnstube aus Urgroßelterns Zeiten stecken. Eine Ausgrabung würde sich lohnen.

Friesenhaus mit Blumengarten in Nebel auf Amrum (oben). Die Gaube im Dach verrät, dass der Dachboden nicht mehr dem Einlagern von Heu für die Winterfütterung des Viehs dient, sondern mit Zimmern für den Fremdenverkehr ausgebaut worden ist. Auch im früheren Stall sind längst Ferienwohnungen eingerichtet.

Friesenhaus im Blumenmeer. Wo Häuser frei in der Landschaft stehen und die Umwelt naturbelassen ist, entfaltet sich im Sommer die Vielfalt von Wildblumen einer Trockenrasen-Vegetation.

Friesenhäuser zum Liebhaberpreis

Wenn heute an der Nordseeküste noch ein reicher Bestand an Friesenhäusern vorhanden ist und als gesichert gelten darf, wenn manches vorher verschandelte Gebäude inzwischen wieder stilgerecht renoviert wurde, so darf dabei nicht der bemerkenswerte Umstand verschwiegen werden, dass der Anstoß zur Bewahrung und zum originalen Bauen auch neuer Friesenhäuser nicht vorwiegend aus den Gefühlen und Erkenntnissen der Küstenbewohner und Insulaner erwuchs, sondern von „fremder" Seite kam.
Es waren Auswärtige, die als Sommergäste an die Nordseeküste kamen, die dort noch vereinzelt vorhandenen Werte der Architektur, deren Wohngemütlichkeit und schließlich ihre Liebe zu Häusern und Landschaft entdeckten und ein Friesenhaus oder ein Grundstück dafür erwarben. Dieses von außen kommende Interesse hat unzählige alte Bauten vor dem Abbruch bewahrt, denn sie wurden regelrecht zu Liebhaberobjekten und bald zu immer höheren Preisen gehandelt.
Allerdings erfolgte damit auch ein gewisser Ausverkauf, ein erheblicher Besitzwechsel von Friesenhäusern aus den Händen Alteingesessener an Auswärtige, die ihre Häuser oft nur als Urlauber oder erst als Rentner

bewohnen. So stehen im Winter viele Häuser, ja ganze Straßenzüge in den Inseldörfern dunkel und leer. Und nicht zu übersehen ist auch der damit verbundene Wandel der Bevölkerungsstruktur.

Auf der dänischen Nordseeinsel Fanö gibt es ein ganzes Dorf unter Denkmalschutz – Sönderho. Alle Häuser sind mit Reet gedeckt und fast alle Häuser, wie es den Dänen gebührt, Schmuckstücke. Aber von zehn Häusern ist nur eines bewohnt! Alle anderen sind Sommerhäuser im Besitz von Auswärtigen oder von Fanöern, die auf dem Festland einen Arbeitsplatz haben und ihr Heimathaus nur noch sporadisch bewohnen. Mitten im Dorf steht das „Forsamlingshus", das Versammlungshaus, wo es aber kaum noch etwas zu versammeln gibt. Es können kein Gesangverein und keine Feuerwehr mehr existieren, kein Bürgermeister und kein Gemeinderat. Es ist ja fast keiner mehr da. Und Fanö ist kein Einzelfall.

Überall auf Inseln, wo der sommerliche Fremdenverkehr dominiert und es für Auswärtige begehrenswert ist, hier in Natur und Stille eine Heimat, ein Haus zu haben, droht der Ausverkauf an kapitalkräftige „Fremde". Eine zwangsläufige Entwicklung? Dazu ein Beispiel: In einem Haus, seit Jahrhunderten im Familienbesitz, sind die Eltern gestorben, und die Erbschaft beziehungsweise Nachfolge steht unter drei Kindern an. Der Realwert (Steuer, Brandkasse) liegt bei etwa 300 000 Euro (in Kampen auf Sylt natürlich sehr viel mehr!), und eines der drei Kinder möchte das Haus für die Familie behalten. Theoretisch müsste es dann den

Oben: Friesenhaus in Braderup auf Sylt. Hier sind die ursprünglichen Ziegelsteinmauern verputzt und weiß getüncht. Rechts eine Fahnenstange, auf Friesisch „Flügger“ genannt.

Dorfstraße in Süderende auf Föhr, die sich zu den Marschenwiesen hin öffnet und den Blick über die landwirtschaftlich intensiv genutzte Insel freigibt. Süderende, auf Ferring, dem föhringischen Friesisch, „Söleraanj“ genannt, ist eines der urtümlichsten Dörfer auf Westerlandföhr, dem Westland von Föhr.

Nieblum auf Föhr gilt als eines der schönsten Dörfer der Bundesrepublik und ist mit entsprechenden Preisen ausgezeichnet. Ganze lange Straßen sind noch von Friesenhäusern geprägt und zeigen zur Straßenseite hin ihre Giebel mit den Rundbogentüren.

beiden Geschwistern je 100 000 Euro, also insgesamt 200 000 Euro ausbezahlen. Aber die Geschwister sagen nicht „Danke schön". Sie wissen, dass das Friesenhaus, zumal mit großem Garten, leicht für das Dreifache des realen Wertes zu verkaufen ist, also für rund 900 000 Euro. Es würden also pro Erbe nicht 100 000, sondern 300 000 Euro fällig. Dasjenige der Kinder, das bereit wäre, das Elternhaus zu behalten, müsste demnach an seine Geschwister insgesamt 600 000 Euro bezahlen. Aber so viele Millionäre gibt es auf den Inseln und an der Küste nicht. Das Elternhaus ist – trotz des eigenen Erbanteiles – unbezahlbar, und weg ist es!

Diese Entwicklung hat insbesondere auf Sylt dazu geführt, dass Teile der Sylter Urbevölkerung nicht mehr in der Heimat leben können, weil diese zu teuer geworden ist. Sie müssen auf das nahe Festland ziehen, wo in den Dörfern das Wohnen sehr viel billiger ist und es auch preiswerte Häuser zu kaufen gibt. Der Arbeitsplatz liegt allerdings auf der Heimatinsel im Bau- und Fremdenverkehrsgewerbe, und morgens und abends sind die Züge über den Hindenburgdamm voll von Syltern, die zu ihrer Arbeit oder nach Hause fahren!

Der unveränderte Liebhaberwert von Friesenhäusern, das heißt ihr über dem realen Wert liegender Preis, verhinderte den manchmal gewünschten Rückkauf durch Einheimische. Aber bei allen Bedenken ist es eben auch dieser Entwicklung zu verdanken, dass sich das Friesenhaus nicht nur behaupten konnte, sondern nun auch bei den Einheimischen die Neigung wächst, anstatt eines modernen Gästehauses eines im Friesen-

stil zu bauen. Dabei spielt nicht nur das inzwischen gewachsene und geförderte eigene Stilgefühl eine Rolle; daneben reifte auch die Erkenntnis, dass ein Friesenhaus bei Gästen beliebter ist und einen besseren Mietgewinn erzielt.
Natürlich bezieht sich der Friesenstil bei Neubauten überwiegend auf die äußere Form, und auch hier werden Konzessionen an den Fremdenverkehr gemacht, etwa durch den Ausbau des Reetdaches mit Gauben. Aber so, wie sich das Friesenhaus wie jedes andere Haus entsprechend dem Wandel der wirtschaftlichen Nutzung im Inneren schon öfter verändert hat, wäre es naturgemäß abwegig, es heute so zu gestalten, als ob sich der Vater noch auf Walfang oder Handelsfahrt befände oder etliches Vieh im Stall oder auch Heu auf dem Dachboden unterzubringen wäre. Es ist schon ein großer Gewinn für das Landschaftsbild und eine traditionsgerechte Architektur, wenn das alte Friesenhaus und seine zeitgemäße Ausführung bei Neubauten im Chaos der modernen Fremdenverkehrsgebäude ihren Platz behaupten können. Es gibt hervorragende Beispiele solcher Neubauten wie auch des behutsamen Ausbaues alter Friesenhäuser für den Fremdenverkehr, der seit dem Ende des 19. Jahrhunderts auf den Inseln und an der Küste die dominierende Erwerbsquelle geworden ist. Aber nicht jedes Haus mit Reetdach oder Giebel ist ein Friesenhaus. Im Bestreben, Friesenstil und moderne Bauformen zu vereinen oder das Haus zwecks Rentabilität mit Gästezimmern zu überladen, ist auch manche architektonische Karikatur entstanden.

Das Haus „Kliffende“ gehört nicht zu den alten Friesenhäusern auf Sylt. Es wurde 1923 von dem Verleger und Buchhändler Tiedemann erbaut – in einer Zeit, als inmitten des überschwänglichen Bauens von Logierhäusern für den Fremdenverkehr der gute Geschmack zu Ehren kam. Nicht

zufällig wurde das Haus dann bald ein Treffpunkt von Prominenten aus Politik, Kunst und Kultur. Heute ist es in Privatbesitz.

Ständerbau – Urform durch Jahrtausende

Die Urform des Friesenhauses geht auf frühgermanische Völkerschaften zurück, die vor und nach unserer Zeitrechnung an der Nordsee ansässig waren, noch ehe sich, von Gegenden der Rheinmündung ausgehend, vor der ersten Jahrtausendwende die Friesen längs der Küste bis nach Dänemark hinauf ansiedelten. Ausgrabungen solcher Häuser in den Sylter Dünen bei List und auf Amrum zeigen die typische Längsrichtung, die Unterbringung von Menschen und Vieh unter einem Dach und die Ständerbauweise der Dachkonstruktion – so, wie es bis in das 18. Jahrhundert hinein gültig blieb. Ganz ursprünglich bestanden diese Häuser wahrscheinlich nur aus einem großen Dach, das bis zum Boden reichte. Erst später wurde die Dachkonstruktion „angehoben" und mit Seitenwänden als den Vorläufern von Mauern versehen. Die inselfriesische Bezeichnung „Hüslaften" (Haushebung) für das Richtfest deutet jedenfalls auf eine solche Entwicklung hin.

Als Baustofflieferanten boten sich die Eichen- und Birkenwälder an, die es damals in den Marschen und Mooren an der Nordseeküste gab und deren konservierte Überreste noch heute im Wattenmeer zu finden sind, – sowie Schilf, das hier auf riesigen Feldern wuchs. Nicht nur das Dach, auch die Seitenwände wurden seinerzeit aus Schilf gefertigt und erhielten durch Klei- und Lehmbewurf ihre Dichte und Festigkeit. Aber die Wände waren niedrig, das Dach wurde aus Windschutzgründen tief heruntergezogen und das lang gestreckte Haus in der Regel nach der Hauptwindrichtung von Westen nach Osten angelegt, um dem Sturm möglichst wenig Angriffsfläche zu bieten. Merkmale, die für das Friesenhaus bis in das 19. Jahrhundert charakteristisch waren.

Noch im hohen Mittelalter bestanden die Wände aus Reet, Gras- oder Heidesoden in entsprechender Aufschichtung oder aus Holz. Erst Ende des 16. Jahrhunderts erfolgte der Übergang zu Steinmauern, die man bis dahin nur bei Kirchen verwendete. Die dazu nötigen Fundamente wurden meist mithilfe von Feldsteinen und Findlingen aus dem eiszeitlichen Geestboden errichtet. Aber die für die Mauern erforderlichen Ziegelsteine mussten zunächst – vermutlich aus Holland – eingeführt werden, wurden später allerdings zum Teil auch aus dem tonigen Kleiboden an der Küste gebrannt.

Unverändert aber blieb vorerst die – unabhängig von den Wänden – tragende Ständerkonstruktion des Daches, wie sie weithin auch dem Niedersachsenhaus in den Marschen und Mooren eigen war. Das Ständerdach bestand aus zwei Reihen kräftiger Balken, die etwa 1,50 Meter tief im Boden eingegraben wurden und auf Feldsteinen standen. Die Abstände zwischen den Balken wurden als „Fach“ bezeichnet und maßen etwa 2,50 Meter. Ein durchschnittliches Friesenhaus zählte

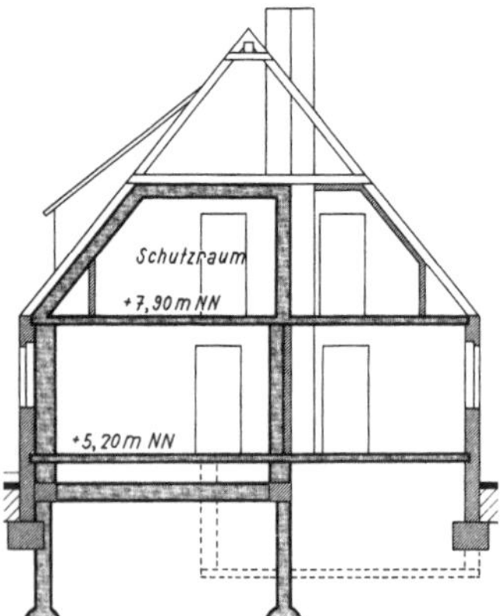

Halligwarft um Halligwarft ging seit dem Mittelalter von Sturmflut zu Sturmflut verloren – hier das letzte Haus auf der Peterswarft der Hallig Nordmarsch-Langeneß. Vergeblich hatten sich die Bewohner mit unzulänglichen Maßnahmen gegen die Gewalt des Meeres und den Verlust ihres Hauses gewehrt.

Die Schutzräume von Hallighäusern, die nach der Orkanflut 1962 neu aufgebaut wurden, ruhen auf mächtigen Betonpfeilern, die bis zu sechs Meter tief in den Warftboden eingelassen sind. Wenn zukünftige Sturmfluten die Hausmauern einschlagen, bleibt der Giebel als Rettungsraum für die Bewohner auf den Pfeilern stehen. Aber die Schutzräume mussten sich noch nicht bewähren.
Es hat nach 1962 noch keine vergleichbare Sturmflut gegeben.

entsprechend der inneren Aufteilung in Wohn- und Wirtschaftshälfte neun Fach. Je nach Wohlstand des Eigentümers gab es natürlich auch sehr viel kleinere und größere Gebäude. Nach der Anzahl dieser Fache berechnete der „Hausmacher“ den Preis des Hauses, aber sie waren auch ausschlaggebend für die Beiträge an die Brandkassen-Gilden und für die landesherrschaftlichen Steuern. Die beiden Ständerreihen trugen kräftige Längsbalken und darauf quer liegende Hausbalken, auf denen sich dann die eigentliche, an den Schmalseiten abgewalmte Dachkonstruktion mit dem Giebel über der Eingangstür aufbaute.
Das Eigentümliche dieser Bauweise bestand darin, dass die Ständer nicht mit den Hauswänden verbunden waren, sondern im Inneren etwa einen halben Meter von den Wänden abstanden, wo sie im Wohnteil des Hauses aber in der Regel in die hölzernen oder steingemauerten Querwände eingebunden wurden. Die Außenmauern lagen niedriger als diese Ständerkonstruktion, sodass die Stubendecken hier schräg heruntergezogen werden mussten. Diese Abschrägung hieß „Katschur“, Katzenscherung. Sie ist heute aber nur noch bei wenigen musealen Häusern zu sehen. Denn schon im Lauf des 18. Jahrhunderts wurde das Dachgebälk zunehmend auf die Steinmauern gelegt, und die Ständer verschwanden – sogar auf den Halligen, wo die alte Bauweise noch einen speziellen, oft lebensrettenden Zweck erfüllte. Brachen nämlich bei schweren Sturmfluten die Hausmauern ein, dann blieb der Dachteil auf seinen Ständern stehen und bot Menschen und Vieh

einen Zufluchtsraum. Die Vernachlässigung dieser traditionellen Bauart führte so im Februar 1825 auf den Halligen zu einer Katastrophe, als bei einer schweren Sturmflut 74 von 940 Einwohnern ertranken, 79 von 339 Häusern weggespült und weitere 223 so stark zerstört wurden, dass sie als unbewohnbar galten. Der dänische König Friedrich VI. besuchte persönlich die betroffenen Halligen und verband seine finanzielle Hilfe mit der Forderung, erneut die alte Ständerbauweise zu verwenden, was aber nur teilweise befolgt wurde.

Erst in der Gegenwart, nach den Erfahrungen der Orkanflut von 1962, wurde das Giebeldach der neuen Hallighäuser auf Betonpfeiler gesetzt, die tief in den Warftboden eingelassen sind und den Fluchtraum sicher tragen, wenn die Hausmauern durch die Sturmflutbrandung eingeschlagen werden. Es muss jedoch noch einmal betont werden, dass die Ständerbauart nicht aufgrund der Sturmflutgefahr entstand. Sie wurde auch auf den hohen Geestinseln Sylt, Föhr und Amrum sowie auf der friesisch beeinflussten Festlandsgeest praktiziert, weil sie eben auf einer jahrtausendealten Tradition des Hausbaus basierte.

Lediglich auf den Ostfriesischen Inseln richtete man sich hinsichtlich der Dachkonstruktion nach der Sturmflutbedrohung und entwickelte ein schwimmfähiges Dach, das sogenannte „Drifthus“ – Treibhaus.

Das Holz für die mächtigen Ständerbauten wurde schon im Mittelalter aus Norwegen eingeführt. Die eigenen Wälder waren infolge des ansteigenden Meeresspiegels und der Sturmfluten mitsamt dem Land

Oben: Halligwarft, von einer Sturmflut umrauscht und bei „Land unter“ zu einer Mini-Insel geworden. Nur selten werden auch die Häuser bedroht, wenn der „Blanke Hans“ mit seiner Brandung über die Warften steigt.

Bei der Orkanflut im Februar 1962 wurden zahlreiche alte Hallighäuser zerstört. Aber die Menschen konnten sich retten, so auch die Bewohner dieses Hauses auf Langeneß. Sie fanden Zuflucht auf einem Heuhaufen draußen vor dem Haus.

längst zerstört und sind heute nur noch in Resten unter dem Schlick des Wattenmeeres zu finden. Auf Sylt und Amrum wurden aber auch Holz und Masten gestrandeter Schiffe zum Bauen verwendet. Noch heute gibt es auf Sylt Friesenhäuser, deren Deckenbalken aus solchen Masten bestehen, ebenso auf Föhr und Amrum. Zeitweilig mussten die Insulaner für ein Bauvorhaben erst auf die Strandung eines Schiffes warten, was aber dauern konnte. Beispielsweise wollten die Bewohner des Dorfes Westerland auf Sylt um 1780 eine ganz neue Kirche bauen, hofften aber vergeblich auf die Strandung eines Schiffes, das die entsprechenden Holzmengen lieferte.

Bemerkenswert ist natürlich auch, dass es damals weder ein Landesbaugesetz noch ein Ortsstatut gab, auch keinen Bauausschuss in den Gemeinden und keine Kreisbaubehörde, die Bauvorhaben zu genehmigen und deren Ausführung zu überwachen hatten. Ja, es gab auch keine Architekten und keine irgendwie gearteten Bauvorschriften. Und doch war das Bild der Dörfer sehr viel harmonischer, als es die meisten Ortschaften der Gegenwart mit ihrem Konglomerat an Baustilen und Zweckgebäuden sind.

Die Häuser wurden auch von den Insel- und Küstenbewohnern selbst gemacht! Es gab bis in das 19. Jahrhundert hinein keine Maurerfirmen, und auch später fehlte es an traditionellen Handwerksberufen. Es gab die sogenannten „Hausmacher" für die wesentlichsten Arbeiten eines Hausbaues. Aber das meiste wurde von den Hausherren selbst gemacht.

Strandungsfälle gehörten im Inselleben früherer Jahrhunderte zu den wichtigsten Ereignissen. Sie bedeuteten Gewinn durch das legale Bergen von Schiffsgütern oder das Wiederflottmachen („Abbringen") gestrandeter Schiffe, wofür die Eigentümer einen Bergelohn von etwa einem Drittel der geborgenen Güter bezahlen mussten. Aber auch die Strandräuberei stand in höchster Blüte.

Durch Strandungsfälle gelangten auch riesige Holzmengen an die Strände der Nordseeinseln, die zum Bauen von Häusern und Viehställen dringend benötigt wurden. Mancher Mast und mancher Schiffsbalken ist noch in alten Häusern vorhanden. Im Bild die 1872 bei Wenningstedt auf Sylt gestrandete holländische Kuff „De Spreut" und der Wyker Schoner „Amilhujo", verunglückt bei Oland im März 1895.

Friesenhäuser im Wandel der Zeit

Die Stilarten des heutigen sogenannten „Friesenhauses“ wurden und werden auf den Nordfriesischen Inseln und Halligen sowie in den Trögen des nördlichen Nordfrieslandes bis über die dänische Grenze hin durch den Typ des „Uthlandehauses“, im südlichen Nordfriesland und auf der höheren Geest durch das im Stallteil etwas anders aufgeteilte „Geesthardenhaus“ und das gleichartige „Jütische Haus“ repräsentiert. Dagegen entwickelten sich in Eiderstedt nach dem Muster ost- und westfriesischer „Gulfhäuser“ die mächtigen „Haubarge“ für wachsende Viehherden und die Einlagerung der dazu erforderlichen Heumengen.

Das Friesenhaus ist also an der gesamten schleswig-holsteinischen Westküste von Dithmarschen bis Dänemark vertreten – kaum dagegen in Ostfriesland, dessen Baustil mehr von Holland beeinflusst wurde. Daher sind dort nur sehr selten Reetdächer und Giebel zu sehen.

Die Urformen des Friesenhauses haben im Lauf der Jahrhunderte entsprechend den Wohnbedürfnissen und der Wirtschaftsnutzung im Äußeren und Inneren manche Änderung erlebt. Etliche Häuser wuchsen durch Erweiterungen und Anbauten zu stattlichen

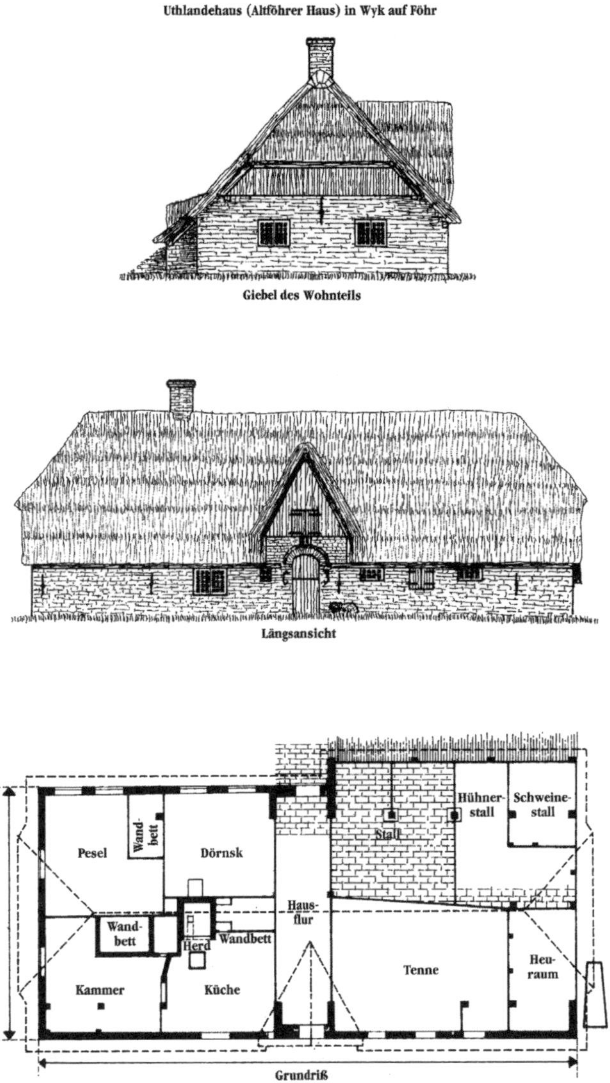

„Uthlandehaus“ (Altföhrer Haus)
in Wyk auf Föhr.

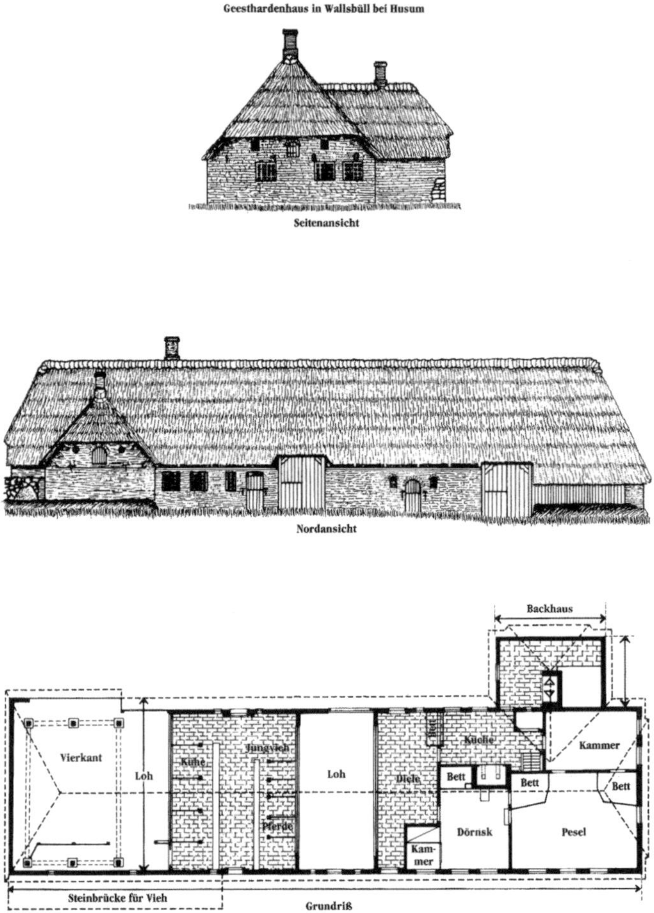

„Geesthardenhaus"
in Wallsbüll bei Husum.

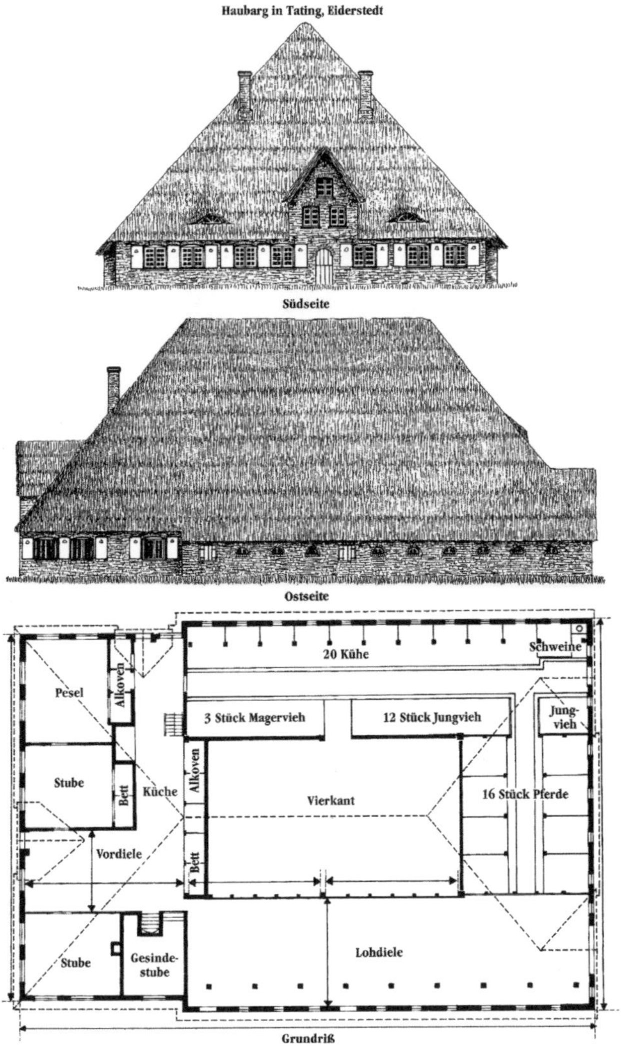

„Haubarg“ in Tating,
Eiderstedt.

Bauernhöfen heran, manchmal sogar zu Vierkanthöfen, deren Wohn- und Wirtschaftsgebäude einen offenen, mit Feldsteinen gepflasterten Hof umschließen.
Auf den Inseln und Halligen blieben Einrichtung und Umfang der Häuer allerdings lange gleich. Seit dem 16. Jahrhundert dominierten Walfang und Handelsseefahrt als Erwerbsquellen, und die Landwirtschaft spielte nur eine untergeordnete Rolle – sie wurde vorwiegend von den daheimgebliebenen Frauen nach den altertümlichen Regeln der Feldgemeinschaft ausgeübt und deckte gerade die Grundbedürfnisse der Ernährung.
Als aber Walfang und Handelsschifffahrt durch den Wechsel der Seemachtverhältnisse und die Napoleonischen Kriegswirren zu Beginn des 19. Jahrhunderts zeitweilig völlig lahmgelegt wurden, blieben immer mehr Männer zu Hause und intensivierten die Landwirtschaft auf ihrer Heimatinsel. Der Beruf des Bauern setzte sich durch, und die eine Hälfte des Hauses genügte als Viehstall nicht mehr. So kam es auch hier zum Anbau geräumiger Ställe und Scheunen – besonders in den Dörfern der fruchtbaren Marscheninsel Föhr.
Ein erneuter Nutzungswandel bahnte sich im Lauf des 20. Jahrhunderts an. Sowohl an der Küste als auch auf den Inseln dehnte sich der Fremdenverkehr über die traditionellen Badeorte und ihre Gebäude aus und nistete sich auch in den Friesenhäusern ein. Der Dachboden, jahrhundertelang für die Heulagerung genutzt, wurde mit Ferienzimmern ausgebaut, sodass in den bis dahin einflächigen Reetdächern Gauben mit Fenstern entstanden. Zuletzt – vor allem in den Jahrzehnten nach dem

Zweiten Weltkrieg – griff diese Entwicklung auch auf zahlreiche Bauernhöfe über, deren Ställe und Scheunen für den Tourismus umgebaut wurden. Aussiedlung und die Aufgabe vieler alter Höfe förderten diesen Ablauf. Aber auch andere Ereignisse haben dazu beigetragen, das ursprüngliche Bild des Friesenhauses zu verändern; beispielsweise eine landesherrschaftliche Verfügung Anfang des 18. Jahrhunderts, durch gemauerte Giebel einen feuersicheren Ausweg aus einem brennenden Haus zu gewährleisten. So kam das Friesenhaus zum Giebel, der heute neben dem Reetdach als so typisch gilt. Wenn ein Reetdach brannte, dann brannten bald die Bindungen – damals aus Halmreepen oder anderem Pflanzenmaterial angefertigt – durch, die das Reet, in Garben aufgelegt, an den Dachsparren befestigten. Eine Garbe nach der anderen fiel brennend herab und baute vor dem Haus eine Feuerwand auf, die für Alte, für Kranke und Kinder kaum ohne Gefahr zu überwinden war. Der Giebel aber trennte das herabfallende und brennende Reet zu beiden Seiten und sicherte die Haustür, die sich immer unter der Giebelfront befand. Der Giebel war die größte Mauerfläche des Hauses und ließ sich individuell gestalten (ein besonders schönes Beispiel in Morsum auf Sylt), wobei die „Hausmacher" durch die Anordnung der Steine ihre ganze Kreativität und ihren Kunstsinn entfalten konnten. In der Regel wurde die Mauerfläche des Giebels auch für verschnörkelte schmiedeeiserne Namensinitialen der Erbauer oder der späteren Bewohner des Hauses sowie für die Jahresdaten des Hausbaues verwendet.

Schöne, handwerklich gestaltete Türen und Giebel auf Sylt.

Oben die Tür an einem Friesenhaus in Morsum, darunter die Tür am Haus des Grönlandcommandeurs Teunis in Wenningstedt.

Giebel eines Friesenhauses in Keitum, dessen heutige Gestaltung nicht verrät, dass es einmal das „Armenhaus“ des Dorfes war.

Architektonische Harmonie

Ein Friesenhaus besticht durch die Harmonie seiner Gestalt. Wände und Dach sind in ihrem Verhältnis zueinander auf gelungene Weise ausgewogen. Sprossenfenster und handwerklich gestaltete Türen strahlen Gemütlichkeit aus. Das Haus und seine landschaftsgebundenen Baustoffe leben und laden zum Wohnen ein. Die Harmonie der Architektur ist ein schöner Anblick, der Freude bereitet, und dieses Empfinden ist umso größer, je plumper und geschmackloser die neueren Bauwerke der Gegenwart sind.

Die Schönheit der friesischen Baugestaltung beginnt schon an der Grundstücksgrenze mit dem aus Feldsteinen und Findlingen aufgesetzten und mit Erde und Gras durchwachsenen Wall. Diese Steinmauern sind eine uralte Form der Grenzen von Hausstaven beziehungsweise Baugrundstücken und Gärten. Wo Steine fehlen, sind die Wälle oft auch aus bloßer Erde aufgeworfen und mit Grassoden abgedeckt.

Hinter diesem sogenannten „Friesenwall", der etwa einen Meter hoch das ganze Grundstück, mindestens aber die Straßenfront umschließt, liegt der Garten mit grünen Rasenflächen und Obstbäumen. Bäume, die schnell wachsen und genügsam sind, wie Pappeln und

Weiden, zeigen an der West- und Wetterseite eine deutliche „Windschnur“, das langsame Ansteigen der Kronen, wobei die innen stehenden den Schutz der äußeren nutzen.

Vereinzelt führen noch Wege dicht gesetzter Feldsteine zum Haus, dessen gefällige Proportionen durch niedrige Wände und ein relativ hohes Reetdach geprägt werden. Die ursprünglich gauben- und lukenlose Fläche des Daches wird über dem Hauseingang durch einen Giebel verziert, in älterer Zeit und auch heute noch auf Sylt in Form eines Spitzgiebels, andernorts durch Backengiebel mit hochgemauerten Seitenstücken. In jedem befindet sich eine Luke, durch die früher das Heu eingebracht wurde. Ganz oben sorgt noch ein kleines Fenster für gedämpftes Licht im Dachbodenraum. Dies alles vermittelt ein lebendiges Bild handwerklicher Gestaltungslust.

Die Tür steht unter einem Rundbogen, der oft in Zierform gemauert oder durch verschiedene Farben von der Hauswand abgesetzt ist. Auch hier hat friesische Handwerkskunst ein reiches Betätigungsfeld in verschiedensten Arten der Gestaltung und Bemalung gefunden. Die ursprüngliche Tür war zweigeteilt in eine obere und eine untere Luke. Wenn man die obere öffnete, ließ sich ein Gespräch mit Nachbarn auf der anderen Straßenseite oder mit Passanten führen. Heute hat sich dafür der Ausdruck „Klönschnack-Türen“ eingebürgert, und als solche werden sie wieder hergestellt und eingebaut. Wie schon bemerkt, wirken sprossenlose Kunststofffenster, leider im Zuge der

Friesenhaus in Süderende auf Föhr (oben) mit Steinwall.

Garten- und Grundstückswälle am Friesenhaus wie hier in Nebel auf Amrum waren und sind noch häufig zu sehen. Die Feldsteine und Findlinge für den Wall wurden auf der Feldmark der Geestinseln gesammelt, werden inzwischen aber auch von der Ostseeküste importiert.

Das „Kapitän-Tadsen-Haus“ auf der Ketelswarf der Hallig Langeneß zeigt den auf den Halligen wie auch in Jütland typischen Rundgiebel – hier noch verziert mit den schmiedeeisernen Namensinitialen früherer Bewohner.

Modernisierung auch in etliche alte Friesenhäuser eingebaut, in deren Mauern wie tote, ausgebrannte Höhlen. Ganz anders die originalen friesischen Fenster! Im Wohnteil sind sie zweiflügelig und durch Sprossen in sechs oder gar zwölf und 16 Scheiben geteilt. Der Stall hingegen erhält sein Licht durch kleine Halbmondfenster, deren Scheiben in strahlenförmige Eisensprossen gefasst sind. Und Formen und Elemente sind niemals „geplant" und „vorgeschrieben", sondern aus dem natürlichen Harmoniegefühl durch Jahrhunderte gewachsen.

Das alte Friesenhaus war zweigeteilt, was auch noch heute häufig zu beobachten ist. Von der Eingangstür ging ein schmaler Flur durch die ganze Hausbreite und endete an einer kleineren Tür zum Hof. Je nach Sonnen- oder Straßenlage diente die eine Gebäudehälfte zum Wohnen, die andere der Wirtschaft. Beim „Geesthardenhaus" befanden sich Türen und Tore des Stallteils an seiner Längsseite, beim „Uthlandehaus" konnte der Wirtschaftsbereich durch Türen vom Flur und von der äußeren Schmalseite betreten werden. Zum Wohnteil gehörten üblicherweise vier Räume: Küche, Wohnstube (friesisch: Dörnsk), eine zweite, nur zu bestimmten Anlässen genutzte Stube (Pesel) und eine Kammer als Schlafgemach der Magd oder zur Aufbewahrung von Nahrungsmitteln und weiteren Dingen. Anders als im Niedersachsenhaus, wo sich der Herd in der offenen Diele befand, wurde die Küche im Friesenhaus zwecks Steigerung der Wohnbehaglichkeit schon früh von den übrigen Räumen abgetrennt. Der Herd unter dem offenen Schornstein blieb aber die zentrale Feuerstelle des Hauses. Über mehreren seiner Öffnungen wurde das Essen gekocht, wobei Kessel und Töpfe auf eisernen Dreifüßen standen. Ihm angeschlossen waren in der Regel ein Backofen, vor allem zur Herstellung des Brotes, sowie Öffnungen zum Belegen des Beilegerofens in der guten Stube (Dörnsk). Dieser „Beileger“ war neben der Wärme vom Küchenherd die einzige Heizquelle im früheren Friesenhaus. Alle anderen Zimmer blieben, auch im Winter, ungeheizt.

Die gute Stube, deren Steinwände in der Seefahrerzeit häufig mit Fliesen, in Häusern von Commandeuren und Kapitänen auch mit Schiffstableaus geschmückt waren und die mancherlei wertvolle Mitbringsel aus fernen Ländern enthielt, von der englischen Standuhr bis zu chinesischem Porzellan, diente auch als Schlafraum. An den inneren Stubenwänden, die meist an die warme Küche grenzten, standen die schrankartigen Wandbetten, die man tagsüber mittels Gardinen oder Luken verschlossen hielt. Sie waren relativ kurz, sodass die Hausbewohner, oft Eltern oder mehrere Kinder zugleich in einem Bett, halb sitzend schliefen. Wandbetten waren noch bis Anfang des 20. Jahrhunderts allgemein üblich und erfreuen sich heute, wenn auch mit anderen Maßen, wieder zunehmender Beliebtheit. Jeder schläft in Ruhe für sich und kann, ohne andere zu stören, bei zugezogenen Luken lesen oder schnarchen.

Der Pesel des althergebrachten Friesenhauses diente, wie erwähnt, nur bestimmten Zwecken. Hier wurden Familienfeste gefeiert und die Toten vor der Beerdi-

Die gute Stube im Friesenmuseum Niebüll-Deezbüll mit Beilegerofen (links), der vom Küchenherd aus mit Heizmaterial belegt wurde, und dem Wandbett (rechts), das sich durch Luken verschließen ließ und Alkoven heißt. Die Wandbetten waren in der

Regel so kurz, dass die Schlafenden – mit entsprechenden Kissen im Rücken – halb sitzend schliefen.

gung aufgebahrt. Wo der enge Flur des Hauses nicht das Heraustragen eines Sarges ermöglichte, hatte der Pesel zu diesem Zweck auch eine Außentür. Dieser besondere Wohnraum barg aber auch die Truhen mit den Kleidern, den Trachten und dem Schmuck.

Von sehr unterschiedlicher Beschaffenheit waren die Fußböden des Hauses. Im Flur und in der Küche lagen kleine, abgeflachte Feldsteine, im Pesel Klinker oder andere Steinplatten, manchmal mit weißem Strandsand bestreut. Nur die gute Stube hatte einen Boden aus Holzdielen.

Im Friesenhaus verband sich die Anmut der Gestaltung und Ausstattung immer mit praktischen Überlegungen. Die kleinen Zimmer mit den niedrigen Balkendecken, in denen man sich so geborgen und heimelig fühlte, hatten wie alles im Haus einen ganz realen Sinn. Solche Räume ließen sich relativ schnell und billig beheizen. Denn auf den damals baumlosen Inseln und in den nicht weniger offenen Marschen war Brennmaterial Mangelware. Gebietsweise wurde Torf aus dem Wattboden gegraben. Auf den Geest- und Düneninseln mussten Fuder von Heide geschlagen und für den Winter eingelagert werden, während auf den Halligen getrockneter Kuhmist, die sogenannten „Ditten", als Feuerung verwendet wurde. Auf Sylt erfüllte getrockneter Schafsdung den gleichen Zweck. Aber auch das Wrackholz gestrandeter Schiffe spielte für das Bauen und Heizen eine große Rolle. Erst ab Mitte des 19. Jahrhunderts fuhren Schiffe von der friesischen Küste direkt nach England, um Kohle zu holen.

Der Wirtschaftsbereich des zweigeteilten Friesenhauses bezog sich vor allem auf die Landwirtschaft, selten nur auf die Fischerei oder wenige andere Erwerbsquellen. Aber einen gewissen Grundbesitz hatten fast alle Bewohner der Inseln und Halligen und entsprechend etliche Schafe, Kühe und für Ackerbau und Transporte auch einige Pferde. Der Stallteil der uthländischen Hausform wurde in der Längsrichtung genutzt. Zwischen den Ständern, die Köpfe zur Außenwand, standen Kühe und Pferde. Im friesisch-jütischen „Geesthardenhaus" erfolgte die Bewirtschaftung „in die Quere". Und je nach Umfang der landwirtschaftlichen Betätigung befanden sich auch Hühner- und Schweineställe sowie die Dreschtenne in diesem Gebäudeteil, der übrigens mit faustgroßen Feldsteinen gepflastert war. Auch draußen vor dem Stall gab es solche Pflasterungen, um das Aufweichen des Bodens durch Viehtritte und Dung zu verhindern, und ebenso in Form einer meterbreiten Kante rund um die Hausmauern, damit das vom Dach tropfende Regenwasser vom Haus ferngehalten wurde. Oft waren diese Böden (Katzenköpfe) kreuzartig mit deutlich größeren Feldsteinen durchzogen, was der Abwehr von Hexen und sonstigen Unholden dienen sollte.

Noch gegen Ende des 19. Jahrhunderts waren Friesenhäuser und Bauernhöfe der alten Typen in beachtlicher Zahl vorhanden. In Carl Ludwig Jessen, geboren 1833 in Deezbüll bei Niebüll, fanden diese Gebäude und Innenräume einen Maler, der die handwerkliche Kunst und die architektonische Harmonie von außen und innen,

Pesel im „Öömrang Hüs“ in Nebel auf Amrum (oben) mit Beilegerofen und Fliesenwand, darin ein Tableau mit Schmackschiff, ein häufiger Küstenfrachter in der Nordsee im 18./19. Jahrhundert. Diese gemütliche Stube ist heute nicht nur Museum, sondern auch „Heiratsstube“ für standesamtliche Trauungen vor allem von auswärtigen Inselgästen.

Der Pesel im „Kapitän-Tadsen-Haus“ auf Hallig Langeneß: In der sich links anschließenden Stube ist ein Wandbett neben der warmen Mauer des Küchenherdes zu sehen.

Wandbett im „Altfriesischen Haus" in Keitum auf Sylt: Die mit Strohmatratzen belegten Betten ließen sich mittels Luken oder wie hier mit Gardinen schließen, sodass sich von außen gesehen oft der Eindruck eines Schrankes bot. Rechts eine Wiege für den Kindersegen damaliger Zeit.

aber auch das Volksleben jener Zeit im Detail auf die Leinwand bannte.
Heute vermitteln vor allem Museen mit originalgetreuen Zimmern und etliche im ursprünglichen Zustand bewahrte Häuser einen echten Eindruck, wie das „Altfriesische Haus“ in Keitum auf Sylt, das „Altföhrer Haus“ in Wyk, das Friesenhaus von Deezbüll oder das Haus des Commandeurs Lorens Petersen Hahn, das von Westerland nach Molfsee bei Kiel versetzt wurde. Es gibt aber auch urtümlich gebliebene Häuser, die noch bewohnt werden, etwa das Haus mit dem Königspesel auf der Hallig Hooge oder das Haus „Johannsen“ auf Hallig Langeneß. Und in zahlreichen anderen wiederum ist wenigstens ein Teil des Originalen bewahrt geblieben, so im „Öömrang Hüs“ in Nebel auf Amrum. Dieses Haus, im 18. Jahrhundert erbaut, wurde durch mehrere Generationen von einer Seefahrerfamilie bewohnt, die im Wechsel der patronymischen Namensgebung Wögens und Knudten, hollandisiert Willems und Claasen, hießen und Küstenfrachter über die Nord- und Ostsee führten. Wie andere alte Friesenhäuser geriet auch dieses in den 1950er-Jahren in den Besitz eines Hamburger Ehepaares, das es jedoch zu einem bezahlbaren Preis wenige Jahre vor seinem Tod auf Amrum an den Öömrang Ferian (Amrumer Verein) zurückgab.

Fliesen, Schiffstableaus und Kapitänsbilder

Mit dem Begriff „Friesenhaus“ verbinden sich auch sehr häufig Gedanken an Fliesen, allgemein – allerdings unkorrekt – Kacheln genannt. Leider haben Antiquitätenhändler und Renovierungsfanatiker hier gleichfalls bedenkliche Zerstörungen angerichtet, beispielsweise während der 1950er- und 1960er-Jahre in den Dörfern auf Föhr. Da Einzelfliesen gut bezahlt wurden und Sommergäste angeblich lieber in modernen, tapezierten Zimmern wohnen wollten, wurden zahlreiche schöne alte Stuben regelrecht ausgeschlachtet. Trotzdem gibt es auf den Inseln und an der Küste noch viele Häuser mit Fliesenwänden und etliche mit Schiffstableaus, die den Duft der großen weiten Welt atmen und den blauen Glanz vom nahen Meer vermitteln. Sie sind eine Erinnerung an die große Zeit des Walfangs und der Handelsschifffahrt, die um 1630 begann und die Insel- und Halligfriesen über Amsterdam, Hamburg, Kopenhagen und andere nordeuropäische Hafenstädte auf alle Weltmeere hinausführte.

Besonders intensiv war die Beziehung der Walfänger und Seefahrer zunächst mit Holland. Von dort wurden vom 17. bis 19. Jahrhundert Fliesen mitgebracht, wenn

Inselfriesische Kapitäne führten Walfang- und Handelsschiffe über einen Zeitraum von fast 500 Jahren über alle Meere der Welt. Etliche Kapitäne ließen sich in den Hafenstädten von Marinemalern Porträts ihrer Schiffe (oben „Dione“, unten „Athene“) in Öl oder als Aquarell malen, die noch heute in beachtlicher Zahl in den Häusern der Schiffsführer oder in Museen zu finden sind.

Wenn Seefahrer nach langer Reise nach Hause kamen, brachten sie aus holländischen Hafenstädten Fliesen (Kacheln) mit, um die Wände ihrer Stuben zu schmücken. Oft waren es Fliesen mit biblischen oder mit landschaftlichen Motiven, aber auch Fliesentableaus mit Walfangszenen oder – wie in diesem Fall – von Küstenfrachtern, mit denen die Walfänger und Seefahrer im Frühjahr zu den holländischen und hanseatischen Handelshäfen befördert wurden.

die Seeleute im Herbst nach Hause kamen. Weil die Inselfriesen dank ihrer seemännischen Fähigkeiten zahlreiche hohe Schiffsränge bis hinauf zum Commandeur und Kapitän innehatten, verdienten sie genug Geld, um schöne handbemalte Fliesen zu kaufen. Allerdings waren diese im Verhältnis zu den heutigen „antiquarischen“ Preisen auch sehr viel billiger und galten keineswegs als Luxusgut.

Fliesen sind keine holländische Erfindung. Sie waren schon in der altpersischen und altägyptischen Zeit in Gebrauch und kamen mit der Ausbreitung des Islam und der maurischen Besetzung und Besiedlung Spaniens ab Anfang des 8. Jahrhunderts vom Orient nach Europa. In der Alhambra, der Maurenburg bei Granada, ist die Vielfalt und Farbenpracht dieser Fliesen, die man für Innenwände, Außenfassaden und Fußböden verwendete, noch heute zu bewundern. Durch Handelsbeziehungen und italienische Fayencekünstler lernten die Holländer diese kleinen Meisterwerke kennen, und ihre Vorliebe für Kunsthandwerk und Reinlichkeit führte zur Entstehung von „Tegelbakkerien“ (Ziegelbäckereien) in der Gegend von Delft. Aus den dortigen Werken stammen die farbigen, vorwiegend noch mit südländischen, ja arabischen Motiven bemalten Fliesen, die aber nur noch in Museen zu finden sind.

Im Lauf des 18. Jahrhunderts stieg der Bedarf an Fliesen so stark, dass zahlreiche weitere Werkstätten entstanden, vor allem in Westfriesland, in Makkum und Umgebung. Ihre Produkte wurden nun aber dünner und einfarbig bemalt, meist mit den Farben Blau und Mangan. Gezeigt wurde jedoch unverändert eine Fülle verschiedenster Motive – Häuser, Mühlen, Menschen, biblische Szenen, Seeungeheuer, Schiffe und anderes mehr. Besonders eindrucksvoll waren die von den Kapitänen in Auftrag gegebenen größeren Schiffstableaus mit Darstellungen des Walfangs im Eismeer oder bestimmter Schiffe.

Fliesen gaben den Zimmern eine besondere Atmosphäre und weckten mit ihren Bildern die Fantasie. Sie deckten die oft dünnen, ohne Luftschicht in Lehm aufgesetzten Wände besser gegen eindringende Feuchtigkeit und Kälte ab und förderten die Sauberkeit in den Stuben. Allerdings hatten sie auch den Nachteil, bei gewissem Temperaturwechsel zu „schwitzen", Kondenswasser abzusondern. Zudem war die Glasur nicht frostsicher und wurde im Lauf der Jahre brüchig.

Ein anderes Merkmal inselfriesischer Stuben waren über Jahrhunderte die in vergoldete Barockrahmen gefassten Gemälde von Walfang- und Handelsschiffen, die sogenannten „Kapitänsbilder", die sich die Schiffsführer in den Hafenstädten hatten malen lassen. Ganze Flotten solcher Segelschiffe hingen früher in den Häusern und vermittelten, mehr noch als die Fliesen, die direkte Beziehung zum Meer. Noch heute sind zahlreiche dieser Gemälde auf Inseln und Halligen vorhanden, Hunderte aber in die Museen gewandert und etliche leider auch an durchreisende Antiquitätenhändler verkauft worden und damit in die beziehungslose Anonymität verschwunden.

Porzellan-Pekinesen

Wer durch die Straßen der inselfriesischen Dörfer wandert, entdeckt nicht selten auf den Fensterbänken der Friesenhäuser Porzellan-Hunde, Pekinesen, die starr und stumm durch das Fensterglas nach draußen blicken. Anderswo stehen sie auf Wohnzimmerschränken oder auf handwerklich gestalteten Wandbrettern inmitten des sonstigen Interieurs. Porzellan-Pekinesen waren im 19. Jahrhundert ein verbreitetes Zierstück in den Inselhäusern und kommen, nachdem sie etliche Zeit wenig beachtet wurden, neuerdings wieder zu Ehren. Sie spielen auch im Antiquitätenhandel eine große Rolle, obwohl sie weder schön sind, noch in künstlerischer Hinsicht große Ansprüche stellen.

Aber die stummen Hunde stehen in Beziehung zur Seefahrerzeit und würden, könnten sie sprechen, eine eigenartige und pikante Geschichte über ihre Herkunft erzählen. In den Jahrzehnten nach den Napoleonischen Kriegen, also um die Mitte des 19. Jahrhunderts, war es den „Damen“ des ältesten Gewerbes der Menschheit an der Ostseeküste zwischen Lübeck und Reval verboten, für ihre vor allem von Seeleuten in Anspruch genommenen „Liebesdienste“ Geld zu ver-

Friesenhausfenster mit Porzellan-Pekinesen, die stumm in die Welt schauen, aber doch eine eigenartige Geschichte über ihren Ursprung und ihre Herkunft erzählen könnten.

Auch die Blumentöpfe mit Goldrahmen und Goldköpfen kamen in der Seefahrerzeit auf die Inseln – vielleicht aus gleicher Quelle wie die Porzellan-Pekinesen.

langen. Das dermaßen bedrohte Gewerbe wusste jedoch einen Ausweg. Eine drittklassige Manufaktur stellte den Mädchen Porzellan-Pekinesen zur Verfügung, die von den „Liebesdienerinnen“ in bedeutenden Mengen erworben und an ihre Kunden zu einem entsprechend hohen Preis unter Einschluss der „Liebesleistung“ verkauft wurden. Gleichzeitig erfüllten die Porzellanhunde eine Art Wachfunktion. Vor der Tür oder im Fenster aufgestellt, zeigten sie an, dass die zugehörige „Dame“ gerade einen Freier im Zimmer hatte, also „besetzt“ beziehungsweise „belegt“ war.

So kamen die Porzellan-Hunde in wachsender Zahl auf die Inseln der Seefahrer. Ältere Leute wissen, aus welchen Quellen die Pekinesen stammen und wie der Urgroßvater oder Ururgroßvater dazu gekommen ist. Allerdings soll das Mitbringsel als Erinnerung an den Besuch gewisser Etablissements nicht nur von der Ostseeküste, sondern auch von Hafenstädten anderer Länder, vor allem des viktorianischen Englands, stammen. Später mögen sie dann auch als normale Mitbringsel in Manufakturläden gekauft und von den heimkehrenden Seefahrern mit nach Hause gebracht worden sein. Auffallend sind aber auch noch Blumentöpfe mit Goldrändern und Löwenköpfen auf den Fensterbänken von Friesenhäusern. Ob auch sie einmal der Zahlungsumweg für Liebesdienste waren?

Häuser unter Reethauben

Zum Friesenhaus gehört ein Reetdach – aber nicht jedes Haus mit Reetdach ist ein Friesenhaus; es müssen auch die sonstigen Charakteristika vertreten sein.

Wenn Zimmermann und Maurer das Richtfest gefeiert haben, Außenmauern nebst Giebel sowie die Dachkonstruktion für das Eindecken mit Reet fertig sind, beginnt die Arbeit des Dachdeckers. In großen Bündeln stehen die im Winter in der heimischen Landschaft geschnittenen – oder vom Plattensee in Ungarn importierten – Reethaufen mit dem dazugehörigen Material an seinem Arbeitsplatz neben dem Haus. Das Eindecken beginnt in der Regel an der rechten Giebelseite unten an der Traufe. Die ersten Reetbunde werden mit den unteren Halmenden nebeneinandergelegt und nach Lösung der Bindungen in einer Stärke von etwa zehn Zentimetern durch einen Haltestock fest auf die Dachlatten gedrückt. Mit einem Klopfbrett wird dafür gesorgt, dass die Halme unten gerade überstehen. Dann wird das Reet in Abständen von etwa 20 Zentimetern an die unterste Latte genäht. Wenn die erste Lage festliegt, werden eine zweite und eine dritte darübergepackt, sodass sich eine Reetdecke von 30 bis

40 Zentimetern Stärke ergibt. Lage um Lage wächst so die Eindeckung nach oben, wobei immer wieder darauf geachtet werden muss, dass die Halmstoppeln zu einer gleichmäßigen Fläche ausgeklopft werden. Zum Festnähen des Reets sind stets zwei Mann erforderlich – der eigentliche Näher, der draußen steht und die Nadel mit dem Bindedraht zielsicher durch die Reetauflage unter die Dachlatte sticht, und der Gegennäher, der – drinnen stehend – den Bindedraht herauszieht und nach dem erneuten Einstich der leeren Nadel wieder einfädelt. Da beide einander nicht sehen, wird ihre Tätigkeit von bestimmten Kommandos begleitet, um eine zügige „Hand-in-Hand-Arbeit“ zu gewährleisten. Auf der wachsenden Reetdachfläche rückt der Außennäher mithilfe von „Dachstühlen“, deren Eisenhaken durch das Reet über einen Dachsparren eingehängt werden, langsam nach oben zum First.

Besondere Fertigkeiten erfordern die Eindeckungen der Dachgauben und des Giebels und schließlich der Abschluss am First. Hier ist eine spezielle Anordnung der Dachlatten nötig. Am First werden die Halme der Luvseite, die stärker dem Wind ausgesetzt ist, auf die Leeseite übergeschlagen und mit übereinandergeschichteten Grassoden abgedeckt. Diese werden an der Küste vor allem aus den Salzwiesen gestochen, weil sie besonders dicht und stark durchwachsen sind. Nachdem sie schräg gegen die Hauptwindrichtung gelegt worden sind, werden die Soden mit kleinen Stäben ineinander befestigt. Wo Heide im Überfluss wächst, zum Beispiel auf Sylt und Amrum oder im dänischen

Wenn Marschenniederungen und Teichränder im Winter gefroren sind, beginnt die Zeit der Reeternte (oben), früher eine mühsame Handarbeit mit Sense und Sichel, heute maschinell.

Ein Friesenhaus bekommt eine Reetdachhaube. Garbe um Garbe wird an Dachsparren gebunden – eine Arbeit, die Spezialwissen erfordert, aber dank des Baubooms derzeit wieder gefragt ist.

Jütland, erfolgt die Firstabdeckung oft mit gebündeltem und mit Maschendraht umhülltem Heidekraut. Früher wurde auch das Bindewerk direkt aus der Landschaft gewonnen – aus dem Strandhafer, der in den Dünen wächst. Er wurde im Herbst geschnitten, getrocknet, wieder angefeuchtet und weichgeklopft und mit den Händen zu dünnen Seilen, den „Reepen", gedreht.

Lange Zeit bestand die Sitte, nach Abschluss der Arbeiten zwei sich kreuzende Stäbe auf die Abdeckung des Giebels zu stecken – als vermeintliche Abwehr gegen Hexen und Blitze. Dieser Brauch ist auch heute noch vielfach zu beobachten, wenn auch nur zur Dekoration.

Friesenhaus in Flammen

Ein Reetdach hat viele Vorteile. Es ist sturmsicherer als ein Pfannendach und lässt auch bei starkem Wind keinen Regen oder Schnee durch irgendwelche Ritzen, wie es bei Hartdächern nicht selten der Fall ist. Das Reet bietet im Winter wirksamen Wärmeschutz und reduziert die Heizkosten, hält aber umgekehrt auch im Sommer die Hitze ab und sorgt somit das ganze Jahr hindurch für eine ausgeglichene Temperatur. Außerdem hat es auch eine beachtliche Lebensdauer, die auf der Wetter- und Sonnenseite mit etwa 50, auf der geschützteren Nordseite mit fast 100 Jahren angegeben wird. Aber es hat auch Nachteile. Trotz vorhandener Imprägnierungsmittel ist ein Reetdach leicht entflammbar. Und wenn es einmal zu einem Brand kommt, führt er in der Regel zum Totalschaden. Entsprechend hoch sind die Prämien der Feuerversicherung, die fast das Dreifache des üblichen Preises betragen.

Wie Brände in Ortschaften mit Friesenhäusern wüten können, hat die Geschichte öfter gezeigt. Beispielsweise brannten im Jahr 1768 in Norddorf auf Amrum 35 von etwa 40 Häusern infolge ungünstiger Windrichtung ab. 1925 vernichtete ein Feuer im gleichen Ort

Der größte Feind eines Reetdaches ist das Feuer. Wenn es brennt, dann steht das Dach mit der trockenen Reethaube auch ganz schnell in Flammen und ist selten zu retten. Die Bemühungen der Feuerwehren richten sich deshalb vor allem darauf, ein Überspringen des Feuers auf Nachbarhäuser zu verhindern.

noch einmal zehn Gebäude, und im Dorf Boldixum auf Föhr wurden in derselben Nacht sechs Häuser zerstört. Noch größer waren die Verluste durch zwei Brände in Wyk. Im Jahr 1857 wurden über 100 Häuser in Asche gelegt und 1869 noch einmal an die 80.

Unverkennbar sind reetgedeckte Friesenhäuser und Höfe auch oftmals das Ziel von Pyromanen. In den 1960er- und 1970er-Jahren gab es ganze Serien solcher Brandstiftungen auf Sylt und Föhr. Nur in einem einzigen Fall ließ sich der Täter ermitteln.

Der Brand eines Friesenhauses und dessen völlige Zerstörung bedeuteten aber immer auch eine kleine Kulturtragödie. Entsprechend der großen Feuergefahr gab es behördliche Auflagen über Sicherheitsabstände, die vom Reetdachhaus zur Grundstücksgrenze 12,50 Meter, zu einem Hartdachhaus mindestens 15 und zwischen zwei Reetdachhäusern mindestens 25 Meter betragen mussten. Diese Bestimmungen waren innerhalb der Dörfer oder auf den Halligwarften schwer einzuhalten. Daher bedeuteten Wiederaufbau nach einem Brand oder ein Neubau auf freiem Grundstück in Ortslage fast immer die Verpflichtung zum Hartdach. Durch diese Auflagen sind zahlreiche Friesendörfer baulich verunstaltet worden, denn ein moderner Bau zwischen Friesenhäusern zieht immer bedauernde und ärgerliche Blicke auf sich und stört die ganze Harmonie der Umgebung. Nur in wenigen Fällen, wenn Fragen des Denkmalschutzes unüberseh- und -hörbar sind, werden Ausnahmen gemacht. Für die Feuerwehr kommt es deshalb oft darauf an, ein brennendes Frie-

senhaus schnellstmöglich so weit vor Totalschaden zu bewahren, dass eine Renovierung auf den Grundmauern möglich bleibt.
In den letzten Jahren hat sich bei den Baubehörden im Zuge allgemeiner Einsicht allerdings eine größere Toleranz gegenüber dem Reetdach gezeigt. Heute gilt im Innenbereich der Dörfer nur noch ein Mindestabstand von fünf Metern, im Außenbereich von 12,50 Metern. Dazu hat sicherlich auch die Erkenntnis beigetragen, dass es bei der heutigen Ausrüstung der Feuerwehr nur noch ganz selten zu einem Übergreifen des Feuers auf benachbarte Häuser kommt und dass ein Brand in modernen Gebäuden nicht weniger anrichtet, sondern wegen der dort vorhandenen Kunststoffe sogar noch gefährlicher werden kann. Tatsächlich sind bei Bränden von Reetdachhäusern im 20. Jahrhundert noch keine Menschen umgekommen, während es in modernen Bauten durch die sofortige Verschwelung von Giftgasen aus den diversen Kunststoffen immer wieder Tote zu beklagen gibt.

Das Leben im alten Friesenhaus

Das Leben im Friesenhaus vergangener Jahrhunderte war geprägt durch die Beziehung zum Meer. Hinter den Deichen der Köge auf dem Festland und auf den Marscheninseln Pellworm und Nordstrand, wo Viehzucht und Getreideanbau die Lebensgrundlagen der Bevölkerung bildeten, stand das Dasein im Jahreslauf unter den strengen Regeln des „Deichrechts", insbesondere in Verbindung mit der Pflicht, entsprechend dem Landbesitz ein bestimmtes Stück Deich ständig gegen die Nordsee und ihre Sturmfluten zu verteidigen.

Ganz anders dagegen sah das Leben in den Häusern der Halligwarften und der Dörfer auf den hohen Geest- und Düneninseln aus. Hier dominierte seit dem frühen Mittelalter die Seefahrt und prägte durch die vorwiegende Abwesenheit der Männer ein besonderes Frauenregiment aus. Nicht selten waren die Seefahrer jahre-, sogar jahrzehntelang fort und kamen nur kurzfristig von Amsterdam, Hamburg oder Kopenhagen nach Hause. So lagen – trotz des damaligen Kinderreichtums – zwischen den Geburten einzelner Kinder nicht selten sieben und mehr Jahre. Und wenn die Väter dann heimkamen, waren sie ihren Söhnen und

Petroleumlampen, früher noch Beleuchtungskörper, die mit ausgekochtem Seehundstran betrieben wurden, waren die einzigen Lichtquellen in den Häusern auf Inseln und Halligen. Später bauten sich Halligbewohner Windaggregate für die Stromversorgung, die allerdings nur für notdürftige Beleuchtung reichte. Erst ab den 1960er-Jahren erfolgte eine Stromversorgung über Kabel im Watt zu den Halligen.

Töchtern oft ganz unbekannt, falls sie sich nicht in einer Hafenstadt malen ließen und zu Hause ihr Porträt an der Wand hängen hatten.
Als beispielsweise ein Amrumer Kapitän in den 1870er-Jahren von einer Seefahrt in die Heimat zurückkehrte, sprangen auf das Pferdefuhrwerk, das ihn in sein Dorf brachte, unterwegs einige Kinder auf, um mitzufahren. Erst zu Hause erfuhr er, dass zwei davon seine eigenen waren. Trotzdem aber konnten die Väter immer sicher sein, dass wirklich „ihre" Kinder am Tisch saßen, denn Untreue der Frauen gehörte zu den ganz seltenen Ausnahmen im sittlich gefestigten Inselleben früherer Jahrhunderte.
Die Erziehung der Kinder war also – ohne Vaterautorität – ganz den Müttern anvertraut. Aber die Friesenfrauen mussten auch alle Dinge am und im Haus regeln, verstanden sich auf handwerkliche Arbeiten und natürlich auch auf die Landwirtschaft, die zwecks Selbstversorgung in der Seefahrerzeit von den Insulanerinnen betrieben wurde. Neben der Viehhaltung, vor allem von Schafen, deren Wolle eine wichtige Rolle für die Herstellung der Bekleidung spielte, wurde auch Getreide – Gerste und Roggen – angebaut. Bis etwa 1750 war in allen Häusern eine Querne, eine Handmühle vorhanden, mit deren Hilfe die eigene Ernte zu Mehl gemahlen wurde. Und bis weit in das 19. Jahrhundert hinein wurde noch selbst gebacken.
In älteren Friesenhäusern gab es keinen eigentlichen Keller, sondern eher eine Art Kellergrube, die vor allem der Aufbewahrung von Kartoffeln diente, die im

Es war früher eine Selbstverständlichkeit, dass zwei, drei Generationen unter einem Dach zusammenlebten. Auch die alte Oma machte sich beim Spinnen der Schafwolle noch nützlich und hatte ein Auge auf Kinder und Enkelkinder, sodass die jüngeren Hausbewohner ihrer Berufsarbeit oder

der Hausversorgung nachgehen konnten – ein Idealzustand, der heute vermisst wird!

Dunkeln lagern mussten, um eine frühzeitige Keimung zu verhindern. Andere Lebensmittel wurden auf andere Weise konserviert. Hühnereier lagen in Kalk, Plattfische wurden im Sommer und Herbst getrocknet und hingen in Bündeln in der Nähe des warmen Schornsteines, um sie vor dem Feuchtwerden und Verrotten zu schützen. Auch Obst wurde getrocknet, wofür sich einige Birnensorten eigneten. Ebenso ließ sich Obst in gezuckertem Essig aufbewahren. Gemüse wie Wurzeln (Möhren) und Rüben lagen in Kisten mit Dünensand eingebuddelt, und Fleisch – oft aus der eigenen Schlachtung eines Schweines – wurde eingepökelt oder geräuchert, wobei Würste und Schinken am Schornstein auf dem Dachboden hingen.

Landwirtschaft mit Saat und Ernte und die Viehhaltung nebst der Heugewinnung erfolgten bis Ende des 18. Jahrhunderts fast ausschließlich in der „Feldgemeinschaft". Es gab am Land vorwiegend nur ideelle Besitzanteile. Erst in der Zeit von 1780 bis 1800 wurde die Umwandlung zum Individualbesitz vorgenommen. Bis dahin verrichtete man alle Arbeiten auf entsprechende Anordnung der Bauernvögte gemeinsam. Ebenso spielte sich die Zuteilung der Heideflächen für das Abschlagen von Krähenbeeren und Heidekraut ab, beides als Brennmaterial jahrhundertelang von großer Bedeutung. Nur der Kohlgarten, unmittelbar am Haus gelegen, war seit jeher Eigenbesitz. Und Kohl war praktisch das einzige Gemüse, das man auf den Inseln und Halligen kannte. Daneben nutzte man auch die Blätter des Strand-Wegerichs, friesisch „Suden" genannt.

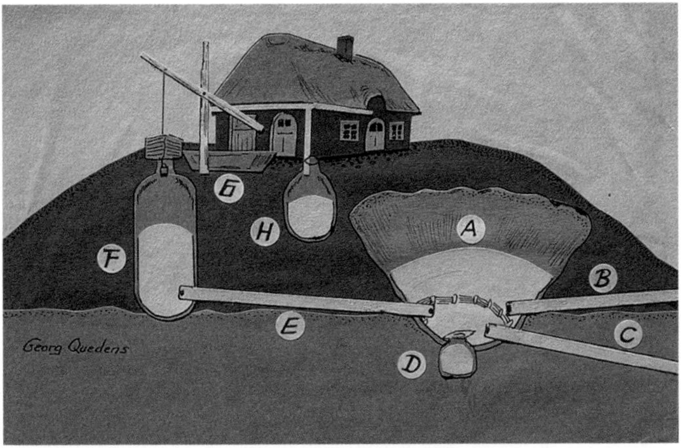

Die frühere Wasserversorgung auf den Halligen (oben): Der Fething (A) diente mit seinen Zu- und Abflüssen der Versorgung des Viehs. Das Tränkwasser wurde mittels Sodschwengel aus der gemauerten Zisterne (F) heraufgeholt. Das Trinkwasser für die Hausbewohner wurde vom Dach in eine kleinere Zisterne (H) geleitet.

Heuernte auf der Hallig: Nur ganz selten wurden dazu Pferdefuhrwerke eingesetzt, weil es auf den Halligen kaum fahrbare Wege gab. In der Regel wurde das Heu in Laken zur Warft getragen oder über die Halligpriele mit Booten verschifft.

In der Seefahrerzeit wurde die Landwirtschaft fast ausschließlich von den Frauen betrieben. Sie führten die Kühe auf die Weide, waren zuständig fürs Schlachten und waren in der Heuernntezeit mit Harken und Forken unterwegs. Allenfalls halfen dabei Knechte aus Jütland, die sich aber dem Kommando der Frauen fügen mussten.

Für die Ernährung der Bevölkerung auf Inseln und Halligen spielte auch die Jagd eine große Rolle. Es gab kaum ein Haus ohne Flinte. Insbesondere wurde Wassergeflügel (hier Ringelgänse) gejagt, aber auch Hasen, Kaninchen und Seehunde.

Auf den Inseln wurde die Feldarbeit vorwiegend von Frauen und den zumeist aus Jütland angeheuerten Knechten verrichtet. Die Männer verdienten ihr Brot auf dem Meer.

Kartoffeln wurden um 1750 eingeführt und später auf dem sandigen Geestboden mit Erfolg angebaut.
Stellten Kindererziehung, Landwirtschaft und Haushalt schon hohe Anforderungen an die Kräfte der inselfriesischen Frauen, so waren die seelischen Belastungen nicht weniger groß. Fast ein halbes Jahrtausend haben die Insulanerinnen unter kriegsähnlichen Verhältnissen gelebt! Die Männer befanden sich auf See, von Stürmen und tropischen Krankheiten bedroht. Ihre Frauen mussten ständig damit rechnen, dass ihnen die Nachricht vom Tod ihres Mannes überbracht würde. Diese wurde oft erst mit monatelanger Verspätung von heimkehrenden Seefahrern übermittelt. Es gab Zeiten, da war die Todesrate unter den Walfängern und Seefahrern höher als die der Soldaten im Zweiten Weltkrieg.
Die Einsamkeit der Zeitumstände und der allein verbrachten Jahre, die über Inseln und Halligen hinbrausenden Herbststürme und die Dunkelheit des Winters förderten die Schwermut, den Aberglauben und das „zweite Gesicht". Wenn Väter oder Söhne in der Ferne ertranken, sollen sie in der Todesnacht als „Gonger", als „Wiedergänger", an die Wandbetten naher Angehöriger getreten sein, sich schwer auf die Decke gelegt haben und dann verschwunden sein, nur eine Wasserlache hinterlassend. Erst gegen Ende des 19. Jahrhunderts, als die inselfriesische Seefahrerzeit nur noch von wenigen Knaben oder Männern betrieben wurde, traten Versicherungen für die Witwen und Waisen ein. Unvorstellbar aber war nach dem Tod des Vaters oder

Ernährers die Not im Friesenhaus. Die kleine Landwirtschaft allein musste nun die Familie am Leben erhalten. Im Herbst saßen Mutter und Kinder in der Stube, um aus geschnittenem und zubereitetem Dünenhalm (Strandhafer) Reepen zu drehen. Solche Reepen spielten vor allem auf Sylt und Amrum eine große Rolle, wo Strandhafer in Mengen auf den Sanddünen wuchs. Der Halm wurde geschnitten, zum Trocknen ausgebreitet, nach Hause gebracht, eingefeuchtet und mit einem breiten Holzhammer geklopft und dann von fleißigen Händen zu Seilen in verschiedenster Stärke – dünne zum Binden von Reetdächern, stärkere für Wäscheleinen – gedreht und gegen lebensnotwendige Dinge eingetauscht. Das Halmschneiden war trotz der Menge des Strandhafers in den Dünen nicht ohne Gefahr. Weil die Dünen, ihrer Vegetation beraubt, zu wandern begannen und wertvolles Ackerland, Wiesen und sogar Dörfer und Kirchen mit Versandung bedrohten, erließ die Landesregierung strenge Strafen gegen Halmdiebe, bis hin zu Freiheitsstrafen, öffentlichem Pranger und körperlicher Züchtigung. Die Bauernvögte der Inseldörfer sollten über die Verbote wachen, die dennoch wenig beachtet wurden, weil die Notwendigkeit, Geld zu verdienen, für die Betroffenen stärker war als die angedrohten Strafen.

Im Dämmerlicht der Tranlampe

Während der Walfangzeit und auch in den ersten Jahrhunderten der Handelsseefahrt war die männliche Bevölkerung der friesischen Inseln in den Wintermonaten zu Hause. Dann entfaltete sich in den Häusern auf Inseln und Halligen ein geselliges Leben. Die Seeleute erzählten auf Zusammenkünften in der Dämmerung spätnachmittäglicher Wintertage, im sogenannten „Hualewjonken" (Halbdunkel), einer staunenden Zuhörerschaft von ihren Abenteuern. In anderen Stuben versammelten sich Scharen von Knaben und jungen Männern, um sich gegen entsprechendes „Schulgeld" von altgedienten Kapitänen und Steuermännern in der Theorie der Seefahrt unterrichten zu lassen. Diese „Seemannsschulen" förderten in erheblichem Maße das Fortkommen und den Erfolg der inselfriesischen Seefahrer. Aber natürlich waren die jungen Männer nachts auch in den Dörfern unterwegs, um Brautschau zu halten oder Streiche zu verüben.

Auch die Frauen hatten ihre Zusammenkünfte, „Apsatten" (Aufsitzen) genannt – eine Sitte, die weit bis in das 20. Jahrhundert hinein gültig war und eigentlich erst durch das Fernsehen aus der Mode gekommen ist. Bei diesen Treffen wurde Wolle gekratzt und gesponnen oder Kleidung gestrickt – und natürlich die Situation abwesender Nachbarn be- und zerredet. Ganz alte Frauen, eingefangen im hartnäckig anhaltenden Aberglauben, flochten am Sagenkranz und erzählten allerlei Spukgeschichten – vom „Vorbrennen", den Lichtern und Feuern am Strand und im Watt, die nahende Unglücksfälle ankündigten, von „Gongern", den „Wiedergängern" ertrunkener Seeleute, von den ruhelosen Seelen der Strandräuber und ermordeten Schiffbrüchigen und von „Trolern", den Hexen, gegen die man sich auf vielfältige Weise wehren musste. Beispielsweise wurde noch bis weit in das 19. Jahrhundert hinein den Säuglingen eine geöffnete Schere als „Kreuz" in die Wiege gelegt. Bei einem Todesfall mussten die Spiegel an den Wänden mit schwarzen Tüchern verhängt werden, denn wer vor der Beerdigung zufällig hineingesehen hätte, den würde der Tod als Nächsten holen.

Eigentliche Hausgeister gab es in der Fantasie der Inselfriesen nur wenige. Dazu gehörte Nis Puk, eine Zwergengestalt von eher gutmütiger Art. Wurde er nicht geneckt, dann konnte er sogar zum Segen von Haus und Hof werden und heimlich allerlei unangenehme Arbeit verrichten. Nis Puk folgte aber auch den Kapitänen auf ihr Schiff und hieß nun Klabautermann. Im Mittelpunkt des inselfriesischen Sagenkranzes standen die Unterirdischen, ein Zwergenvolk, das in den vorzeitlichen Grabhügeln hauste, aber nur selten mit den Wohnungen der Menschen in Verbindung geriet. Eine besondere Rolle spielten natürlich der Meeresgott

Ekke Nekkepen sowie seine Gattin Ran, zuständig für Sturmfluten, Schiffsuntergänge und Strandungsfälle. Die beiden Sylter Dörfer Eidum – Vorläufer von Westerland – und Rantum sollen nach ihnen benannt worden sein. Und beide Altsylter Dörfer wurden von den Fluten der Nordsee verschlungen.
Ohne aufgeschrieben zu sein, wurden die unzähligen Sagen und Gruselgeschichten von Generation zu Generation weitererzählt und blieben so über Jahrhunderte bewahrt. Noch in den Kindertagen des 20. Jahrhunderts wurde ihnen mit Begierde gelauscht. Und die Erscheinungen und Stimmungen der wilden Meeresnatur schienen das Gesagte über die Zeiten hinweg zu bestätigen.
So wie alle seefahrenden Männer im Spätsommer und Herbst mit den Schmackschiffen, kleinen Küstenfrachtern, von Amsterdam oder Hamburg nach Hause kamen, so geschlossen segelten sie im zeitigen Frühjahr wieder davon.
„Es ist kaum zu beschreiben, wie traurig es läßet, wenn alle Mannspersonen von unserer Insel weggefahren sind. In den ersten Tagen nach ihrer Abreise ist alles ganz stille, man sieht fast niemanden auf dem Felde gehen, und es scheinet, als ob die Einwohner fast gäntzlich ausgestorben wären ...“, beschreibt der Pastor Lorenz Lorenzen im Jahr 1749 die Abfahrt der Männer von der Hallig Nordmarsch, die seit 1869 durch Dammbauten mit der Hallig Langeneß verbunden wurde.

Inselfriesische Trachtenvielfalt

Eigenarten des friesischen Insellebens fanden auch in einer Fülle von Trachten zu Feiern in Familie und Kirche ihren Ausdruck. Es war ein glücklicher Zufall, dass um 1800 die Schweizer Porträtmaler und Kupferstecher Rieter und Senn das Königreich Dänemark und die unter ihrer Oberhoheit stehenden Herzogtümer besuchten, um die Festgewänder mit Feder und Farbe festzuhalten. Besonders auf den Nordfriesischen Inseln bot sich eine Trachtenvielfalt dar, wie sie sonst nirgends im Land zu sehen war. Aber es war eine Zeit, als mit dem Ende des Walfangs und dem Beginn der Napoleonischen Kriegswirren die Seefahrt behindert wurde und der Wohlstand schwand, und mit ihm auch die Kostbarkeit feierlicher Kleider. So wurde diese unmittelbar vor ihrem Verschwinden wenigstens auf Bildern bewahrt.

Die Trachten des 17. und 18. Jahrhunderts waren südländisch bunt, überwiegend aus gefärbter Wolle gestaltet, aber von Insel zu Insel und von Hallig zu Hallig ganz unterschiedlich. Es gab Trachten für den Alltag, für den Gang zum Abendmahl, für Bräute und verheiratete Frauen, im letzteren Fall auch eine spezielle für die Danksagung nach der glücklichen Heimkehr des

Ehemanns von der Seefahrt. Ganz besonders eindrucksvoll war die Trauertracht von Föhr, die es zu verschiedenen Zeiten in zwei Arten gab: erstens als weißes Kleid mit großem samtschwarzen Kopftuch, mit dem sich die trauernde Witwe ganz verhüllen konnte, „Suregkap" (Trauerkappe) genannt, und zweitens als ganz schwarzes Kleid mit großem weißen Tuch und einem ebenfalls schwarzen Trauerkopftuch. Weiß, nicht Schwarz, war ursprünglich die Farbe der Trauer in Nordfriesland.

Nach dem Verschwinden dieser Trachten bildete sich im Lauf des 19. Jahrhunderts nach dem Vorbild der alten Halligtracht auf Föhr eine neue Kleidertradition heraus, die auch auf Amrum gebräuchlich wurde. Halligbewohner, die nach Sturmfluten aus ihrer unsicheren Heimat auf die hohe Geestinsel flüchteten, hatten ihre Tracht und den dazugehörigen Brustschmuck aus Silberfiligran mitgebracht. Auf Föhr und Amrum entfaltete sich beides zu neuer Pracht. Gemälde und Fotografien zeigen, dass auch Trachten dem Wandel, der Neu- und Umgestaltung unterliegen. So bildete sich die heutige Föhr-Amrumer Friesentracht, die jetzt auch wieder auf den Halligen gebräuchlich ist, erst in der zweiten Hälfte des 19. Jahrhunderts heraus. Ihr auffälligstes Merkmal ist der reiche Schmuck. Diese Friesentracht ist in fast allen einheimischen Familien auf den genannten Inseln vorhanden und wird noch bei zahlreichen Anlässen, Konfirmationen, Hochzeiten und anderen Familienfeiern und Heimatveranstaltungen getragen,

Sylter Tracht. Wie auf der Nachbarinsel Föhr zeichnete sich auch Sylt bis um 1800 durch eine Fülle verschiedener Trachten zu Feiern in Familie und Kirche aus. Aber im Lauf des 19. Jahrhunderts verschwanden sie aus dem Volksleben. Erst in der Gegenwart wurde auf Sylt wieder eine Tracht nach alten Vorbildern aktiviert.

Unter Verwendung von Schafwolle und kostbaren Stoffen sowie mit einer aufwendigen Haube machte die Sylter Tracht für verheiratete Kapitänsfrauen die Trägerin zu einer regelrechten „Fregatte“.

Besonders eindrucksvoll in ihrer Schlichtheit war die Trauertracht auf der Insel Föhr, die es zu verschiedenen Zeiten in zwei Arten gab: erstens als weißes Kleid mit großem samtschwarzen Kopftuch, mit dem sich die trauernde Witwe ganz verhüllen konnte, „Suregkap“ (Trauerkappe) genannt, und zweitens als ganz schwarzes Kleid mit großem weißen Tuch und einem ebenfalls schwarzen Trauerkopftuch (Abbildung oben). Weiß, nicht Schwarz, war ursprünglich die Farbe der Trauer in Nordfriesland.

Die Föhr-Amrumer Friesentracht gilt als eine der schönsten in Nordeuropa und ist in fast gleicher Form auch von den Halligen und von Pellworm übernommen worden. Zu privaten Familienfeiern, aber auch bei öffentlichen Veranstaltungen werden die Trachten durch Tanzgruppen präsentiert – so auch beim „Hooger Trachtenfest".

Die Friesentracht fällt auf durch ihren reichen Schmuck aus Silberfiligran, die Knöpfe und die sogenannte „Panzerkette". Die Kopfhaube ist auseinandergefaltet fast so groß wie ein Tischtuch.

wo sie wegen ihrer Schönheit immer wieder Aufsehen und Bewunderung hervorruft.
Auf Sylt sind die Trachten schon lange vor 1900 der allgemeinen Kleidermode gewichen, auf Pellworm und Nordstrand sind sie schon im 17. Jahrhundert verschwunden, ebenso auf dem friesischen Festland. Erst in der Gegenwart erleben die verschiedensten Trachten eine Art Wiedergeburt – allerdings vor allem bei Tanzgruppen zwecks Vorführungen für den Fremdenverkehr und somit von fraglichem Bestand und Charakter. Männer haben allerdings nie eine spezielle Tracht getragen. Ihre Kleidung war gewöhnlicher Art und richtete sich nach jener in den nordeuropäischen Hafenstädten, ausgerichtet auf die Seefahrt.

Die Schlägerei als Höhepunkt der Hochzeitsfeier

Natürlich unterstanden auch die Ereignisse des Familienlebens zwischen Geburt und Tod jahrhundertelang besonderen Traditionen und Regeln. Besonders interessant waren die Verlobungs- und Hochzeitsbräuche. Verlobungen bedeuteten ein festes Eheversprechen und wurden wie Trauungen in der Kirche besiegelt. Auf Föhr und Amrum bestand noch bis in das 20. Jahrhundert hinein die Sitte des „Ausschießens". Wenn ein junger Mann sich nach Beobachtungen der Dorfbewohner einige Male mit einem Mädchen in deren Elternhaus getroffen hatte, wurde er von den übrigen Burschen durch Flintenschüsse herausgelockt und musste – natürlich unter Spendung von Getränken – seine Verlobung öffentlich erklären. Tat er das nicht, dann wurde er gefesselt und als unehrlicher Freier mittels einer Mistkarre aus dem Dorf gefahren. Auf den Halligen – und später auch in Wyk auf Föhr, wo viele Halligbewohner lebten – wurde ein geschmücktes Ruderboot, das sogenannte „Verlobungsboot", vor das Haus des Brautpaares gefahren, und auch hier waren natürlich wieder etliche Getränke fällig.

Außergewöhnlich waren auch die Hochzeitsbräuche auf Sylt. Am Tag vor der Trauung luden die festlich geschmückte, von Haus zu Haus wandernde Braut und der hoch zu Ross sitzende Bräutigam nebst dem „Fuarmann“ als Einlader die Gäste zur Feier. Am Hochzeitsmorgen kamen die geladenen Männer auf bekränzten Pferden zum Haus des Bräutigams, wo gegessen und getrunken wurde. Dann brach die Reiterschar auf, um sich zum Heim der Braut zu begeben. Dort aber war die Tür verschlossen, und erst nach längerem Klopfen trat eine eigens dazu bestellte alte Frau vor das Haus und fragte verwundert nach dem Zweck der Versammlung. Der „Fuarmann“ forderte die Braut heraus, bekam aber zunächst zu hören, dass es hier gar keine gäbe. Erst nach längerer Debatte wurde sie der Reiterschar präsentiert, wobei dem Bräutigam und seinen Begleitern allerdings noch eine deftige Standpauke über die Fehler und Schwächen des Bräutigams und die Schönheit und die Tugenden der Braut gehalten wurde.

Nach dem Einlass in das Haus der Brauteltern wurde getrunken und getanzt, alsdann die Braut in ihrem umfangreichen Festkleid vom „Brautheber“ auf das Fuhrwerk gehoben und im Galopp zur Kirche geritten. Das nachfolgende Feiergelage im Brauthaus artete allerdings nicht selten in Tumulte aus. Aufgeheizt von „Swetskilk“, einem Getränk aus Branntwein, Bier und Met, gerieten die schwerblütigen Friesen meist bald aneinander. Anno 1694 wurde dabei sogar ein Bräutigam, der Rantumer Strandvogt Niß Bohn, erstochen. Andererseits beurteilte man aber die Qualität einer Hochzeitsfeier auch nach dem Grad der Schlägereien. Hatte es keine Prügelei gegeben, galt die Hochzeit als langweilig.

Essen und Trinken im alten Friesenhaus

Ackerbau und Viehhaltung, Jagd und Fischfang, Muscheln und Möweneier trugen im früheren Inselleben zur täglichen Ernährung bei. Im Landbau spielte Gerste die größte Rolle, sie wurde für verschiedene Gerichte mit Grütze verwendet, aber auch zum Brauen von Bier. Ein in allen Häusern übliches Feiertagsessen war der „Oonbraas" oder „Oonksaatang" aus Mehl, Milch, Eiern und Hefe gebacken und mit Speckscheiben garniert. Er kommt neuerdings – nach der Wiederentdeckung von Urgroßmutters Rezepten – wie andere alte Gerichte wieder zu Ehren.

Die Jagd bezog sich vor allem auf Hasen und Wildkaninchen, die sich in den Dünen der Nordseeinseln reichlich tummelten. Zwar hatte sich die Landesherrschaft auf dem zum Herzogtum Schleswig gehörenden Sylt – ebenso wie auf den Ostfriesischen Inseln – die Jagd als Regal vorbehalten und den Insulanern verboten, mit „Röhren" (Flinten) im Gelände herumzustreifen, sowie angeordnet, den Katzen die Ohren abzuschneiden und den Hunden eine Vorderpfote abzuhauen, damit sie nicht herumwilderten und der Landesherrschaft den Jagderfolg schmälerten. Für die zum Königreich Dänemark gehörende Insel Amrum sind

In einer Reusenanlage am Ende der „Pfeife“ verfingen sich die Wildenten, wurden vom Kojenmann (hinten) herausgeholt und „gegringelt“, wie man das Halsumdrehen nannte. An manchen Tagen wurden in solchen Vogelkojen Tausende von Enten gefangen und versorgten die Bevölkerung mit Wildbret.

solche rigorosen Verordnungen jedoch nicht bekannt. Hier war die Jagd offenbar immer frei – und etwas anderes war auch kaum möglich, weil die Wildkaninchen sonst die Landwirtschaft ruiniert und die ohnehin dürftige Versorgung der Bevölkerung mit Nahrungsmitteln gefährdet hätten.

Tatsache ist, dass in allen Häusern, wo es einen Mann gab, auch eine Flinte vorhanden war. Erst 1935/36, mit dem neuen Reichsjagdgesetz und dem Naturschutzgesetz, wurde dieser „Friesischen Freiheit" ein Ende bereitet, dennoch aber noch lange Zeit heimlich weiter gewildert, ehe nach Ende des Zweiten Weltkrieges alle Waffen an die Siegermächte abgeliefert werden mussten, die diese dann in einem tiefen Wattenstrom versenkten.

Mit besonderem Eifer wurde den im Herbst und Frühjahr vorbeiziehenden Vögeln, den Gänsen, Enten und Regenpfeifern nachgestellt. Sie wurden mit der Flinte gejagt oder in den Vogelkojen auf Sylt, Föhr, Amrum und anderen Inseln auf altertümliche Weise in Mengen gefangen, und ihr Wildbret bereicherte monatelang den Tisch.

Vogelkojen liegen noch heute als isolierte Wäldchen in den Landschaften von Sylt, Föhr, Amrum, Pellworm und Nordstrand. Inselfriesische Seefahrer lernten diese Entenfanganlagen in der Seefahrerzeit in Holland kennen und richteten sie zuerst ab 1730 auf Föhr ein. Dort folgten dann bis Ende des 19. Jahrhunderts fünf weitere Vogelkojen, von denen vier noch die Fangkonzession besitzen und unverändert nach alter Weise Enten fangen dürfen, allerdings mit stark einschränkenden Auflagen hinsichtlich der Menge (insgesamt 300) und der Arten (nur noch Stockenten). In der herbstlichen Zugzeit richten die Kojenmänner die Anlagen zum Fangen her. Vom hektargroßen Süßwasserteich zweigen bogenförmige Seitenkanäle, die sogenannten „Pfeifen“ ab, die mit Drahtgeflecht oder Netzen umspannt sind, immer niedriger und schmaler werden und schließlich in Fangkästen oder Reusen enden. Hinter Schilfkulissen am offenen Teicheingang lauert der Kojenmann und streut, wenn genügend Wildenten auf dem Teich versammelt sind, leichtes Futter aus, das von den Wildenten (Pfeif-, Spieß-, Krick- und Stockenten) sowie den gezähmten „Lockenten“ bald entdeckt wird. Die Vögel schnabulieren der Futterspur folgend hinein in die Pfeife und in den Tod. Der Kojenmann tritt aus den Schilfkulissen, scheucht die Enten in den Fangkasten und holt eine nach der anderen heraus, um sie zu „gringeln“. So wird das rasch und schmerzlos tötende Halsumdrehen genannt.

Neben den Vogelkojen auf Föhr gab beziehungsweise gibt es zwei auf Sylt, die heute aber als Touristenattraktion dienen. Dies gilt auch für die Anlage auf Amrum sowie für die am Deich auf Pellworm und für die beiden Kojen auf Nordstrand, die heute mit ihrem wilden Gebüsch kleine Naturoasen sind. Aber zu ihrer Zeit, im 18. und 19. Jahrhundert, spielten sie für die Ernährung der Bevölkerung eine große Rolle!

Auch die Seehundsjagd gehörte zur Hausversorgung in etlichen Inselhäusern. Dabei ging es weniger um die

Wie kleine, verwunschene Wäldchen lagen die Vogelkojen (oben) in den früher baumlosen Insellandschaften, in den Marschen von Föhr, Pellworm und Nordstrand und auf der Heide und in den Dünen von Sylt und Amrum. Noch heute sind sie mit ihren großen Süßwasserteichen Naturoasen und stehen unter Naturschutz oder gelten – wie einige Föhrer Kojen – als europäische Kulturdenkmale.

Auf Föhr sind noch einige Kojen mit beschränkter Fangkonzession in Betrieb und dürfen im Herbst durchziehende Stockenten fangen. Hier richtet der Kojenmann die Fanganlage her.

Bei auflaufender Flut gingen die Halligbewohner mit dem Schiebehamen – einem kescherähnlichen Fanggerät – in die Wattenpriele und stellten den hier hin und her flitzenden Krabben (Garnelen) nach. Dabei bewegten sich die Frauen züchtig in ihren Kleidern bis zum Bauch im Wasser.

Verwertung von Fleisch – angeblich wurde nur die Leber verwendet – als um das Fell und um den Tran, der aus dem Speck der Tiere gekocht wurde. Der Tran diente als Brennstoff für die altertümlichen Tranfunzeln, Binsendochte, die in kleinen Transchüsseln schwammen.

Hingegen hat die Fischerei immer nur zeitweise und lokal eine Rolle gespielt. Eigentliche Berufsfischer waren und sind selten am Meer – erstaunlich für einen Binnenländer, der natürlich „Fischerhäuser" und Fischer auf Inseln und Halligen vermutet. Nur die Krabbenfischerei hat seit jüngerer Zeit mit einigen Kuttern Bedeutung. Im Übrigen haben sich die Insulaner mehr oder weniger intensiv selbst aus dem Meer bedient, wobei die Fischerei aber selten über den eigenen Bedarf hinausging. Im Frühjahr und Herbst wurden bei Ebbe im Watt lange Leinen mit Angelhaken an kurzen Seitenschnüren, beködert mit Wattwürmern, ausgelegt. Mit der Flut kamen Fische, vor allem Plattfische (Butte, Flundern, Schollen), die anbissen und gefangen waren. Bei Ebbe wurde der Fang vom Haken genommen und dieser neu beködert. So ging es mit den Gezeiten hin und her. Im Frühsommer kamen die Hornfische. Sie wurden in Stellnetzen gefangen, mit denen man die Priele versperrte, über welche sie bei Ebbe in die Nordsee zurückkehren wollten. Einige Insulaner und Küstenbewohner machten sich auch die Mühe, „Fischgärten" zu bauen, lange Netz- oder Stockzäune, die v-förmig zusammenliefen und in Reusen endeten. An den Zäunen entlang wurden die Fische mit dem Ebbestrom in die Reusen geleitet. Andere Friesen wateten bei Ebbe, mit einem Siebenzack (Pricke) ständig vor sich her stochernd, durch die Priele, um die hier bei Ebbe ruhenden Plattfische aufzuspießen. Sommertags zogen die Halligfrauen mit der „Gliep“ (auch Schiebehamen), einem kescherähnlichen Fanggerät, in das Watt, um Krabben (Garnelen) zu fangen. Sie wateten dabei bis zum Bauch in voller Kleidung durch die Priele.

Von den Fischen wurden neben Butten und Schollen vor allem Rochen gefangen, die getrocknet oder geräuchert genossen wurden. Im Herbst hingen die Wäscheleinen voller Schollen, die man trocknete und später auf der heißen Herdplatte anwärmte oder aufweichte und zusammen mit Kartoffeln als Fischpfanne zubereitete. Muscheln wurden von den großen Miesmuschelbänken geholt, heimlich bei winterlichem Ostwind und tiefer Ebbe – auch Austern, obwohl dies verboten war, weil die Austern zum landesherrschaftlichen Regal gehörten und ihre Befischung verpachtet war.

Im Übrigen kamen Nahrungs- und Genussmittel ausländischer und sogar exotischer Art schon frühzeitig durch heimkehrende Seefahrer auf die Inseln und Halligen.

Aber auch Strandungsfälle von Schiffen mit entsprechender Ladung trugen zur Versorgung der Bevölkerung bei – sei es durch legalen Erwerb bei einer Strandauktion oder durch die verbotene „Strandräuberei“. Die „Strandräuberei“ spielte vor allem auf Sylt und Amrum sowie auf den äußeren Halligen in der ärm-

Austernfischer machen ihre Streicheisen klar (oben). Mit Segelkuttern, später mit kleinen Dampfern, wurden die Eisen über die Austernbänke gezogen und von Zeit zu Zeit gehoben. In Tonnen verpackt wurden die Austern dann vor allem zu Delikatessen-Restaurants versandt. Ganz früher mussten auch sogenannte „Deputat-Austern" an die Höfe der Landesregierung geliefert werden.

Die letzten Segelkutter der Austernfischer von Sylt und Amrum im Jahr 1906. Wenig später ließ die Austerngesellschaft einen Dampfer bauen, und für die inselfriesischen Schiffer und Fischer ging eine uralte Erwerbsquelle verloren.

lichen Bevölkerung eine große Rolle. Angetriebenes Strandgut, ob Holz für Bau- und Brennzwecke oder wertvolle Güter bis hin zu Rum- und Butterfässern, wurde in Sturmnächten von den „Strandgängern“ aus der Brandung geholt und über Deiche und Dünen heimlich in die Inselhäuser geschafft. Ebenso kam es vor, dass gestrandete Schiffe ausgeraubt wurden. In allen Fällen wurden diese Taten aber von strengen „Strandgesetzen“ mit Geldstrafen und sogar Zuchthaus bedroht, und die Landesherrschaft hatte Strandvögte eingesetzt, die über das Geschehen am Strand wachen sollten, wobei sich aber auch der Staat am „Strandsegen“ mit zeitweise erheblichen Ansprüchen beteiligte. Die Not in zahlreichen Inselhäusern, vor allem bei Seemannswitwen und deren Kinderscharen, war aber größer als die Achtung vor dem Gesetz und dem Anspruch des Staates, sodass die „Strandräuberei“ ganz allgemein an fast allen Küsten der Welt in höchster Blüte stand. So kamen beispielsweise Kaffee und auch Tee – bald das beliebteste Getränk der Küste – in der ersten Hälfte des 18. Jahrhunderts in die Inselhäuser. Als das erste Schiff mit Teeladung strandete, verstanden die Insulaner den Gebrauch dieser Blätter noch nicht und kochten sie wie Kohl. Erst bei der nächsten Strandung wussten sie Bescheid.

Ebenso fanden Gewürze und alkoholische Getränke ihren Weg durch die Brandung auf den Strand und damit auf die Tische der Inselwelt. Der heute so beliebte „Pharisäer“ wurde aber erst im Jahr 1872 auf der Insel Nordstrand „erfunden“.

Die „Strandräuberei“ hatte im alten Inselleben vor allem auf Sylt und Amrum große Bedeutung. Wertvolle Güter aus gesunkenen oder gestrandeten Schiffen trieben an und wurden durch die Insulaner heimlich in ihre Häuser getragen. Aber auch Holz spielte eine große Rolle, sei es als Brennmaterial oder als Baumaterial auf baumlosen Inseln.

Der „Pharisäer“, 1872 anlässlich einer Kindstaufe auf der Insel Nordstrand „erfunden“, steht heute auf allen Getränkekarten von Restaurants an der Nordseeküste und hat Nordstrand bekannter gemacht als die Insel sich selbst.

Es handelt sich dabei um Kaffee mit Zucker und einem gehörigen Schuss Rum, nicht unter 42 Prozent. Obendrauf kommt eine große Haube von Schlagsahne. Dieses Getränk entstand aus einer „Notlage“: Weil bei einer Kindstaufe der anwesende Pastor nicht wie üblich nach der Kaffeetafel nach Hause ging, sondern sitzen blieb, es aber nicht schicklich war, in seiner Gegenwart alkoholische Getränke auszuschenken, erhielt die Küche den Auftrag, in die Kaffeetassen zwecks Erheiterung der Gäste Rum zu geben und dessen verräterischen Duft durch eine Auflage von Schlagsahne zu überdecken. Natürlich musste darauf geachtet werden, dass der Pastor nur reinen Kaffee erhielt. Aber nach einiger Zeit, als die Gesellschaft schon sehr lustig geworden war, kam es zu einer Verwechslung. Der Pastor trank, stutzte und staunte – begriff und schalt die Gäste als „Pharisäer“, womit er ungewollt dem heutigen „Nationalgetränk“ der Inselfriesen den Namen gab.
Trinkwasser wurde aus mit Kleisoden (Klei ist ein wasserundurchlässiger Ton im Marschenboden) geschichteten, später aus gemauerten Brunnen geschöpft, gab es doch auf den Geestinseln dank der Bodenschichten eine ausgezeichnete Süßwasserlinse in wenigen Metern Tiefe, ebenso im Bereich der Dünen. Auf den Halligen und Marscheninseln, zum Beispiel auf Pellworm und Nordstrand, enthielt das Grundwasser durch entsprechende Struktur einen mehr oder weniger geringen Anteil von Salzwasser, sodass es wohl für die Viehtränke, aber nicht auf Dauer für den menschlichen Gebrauch geeignet war. Hier schöpfte man Trinkwasser

aus den Wasserkuhlen oder sammelte Regenwasser von den Hausdächern, das in spezielle Brunnen geleitet wurde, allerdings auf seinem Weg über das Reetdach auch eine gewisse Eintrübung erhielt, sodass es ratsam war, das Trinkwasser vorher zu kochen.

Diese vorgenannten Arten der Trinkwassergewinnung erscheinen „urzeitlich", waren aber noch bis in die 1960er-/70er-Jahre an der Küste und auf den Halligen in Gebrauch, ehe aus einer eiszeitlichen Süßwasserlinse der Geest nahe Flensburg eine zentrale Wasserversorgung erfolgte! Unverändert aber haben Geest- und Düneninseln aus den jährlichen Niederschlägen – selbst in Hochzeiten der Sommersaison – ausreichende Süßwasserlinsen, um die Bevölkerung und Hunderttausende von Sommergästen über zentrale Wasserwerke zu versorgen. Die Süßwasserlinsen reichen im Boden der Inseln bis zu 60 Meter tief und steigen dann zu den Küsten an. Sie werden gehalten und getragen vom umliegenden Salzwasser, das schwerer ist als Süßwasser.

Die Versorgung mit Trinkwasser ist das wichtigste Kriterium für die Ansiedlung von Menschen und Vieh. Die dazu angelegten Brunnen, die bis zum Grundwasser reichten, waren zunächst aus Kleisoden, später aus Ziegelsteinen gemauert. Das Wasser musste mit Eimern und Sodschwengeln heraufgeholt werden. Erst in der Gegenwart lösten zentrale Wasserwerke mit entsprechendem Leitungssystem die alten Hausbrunnen ab.

„Biikefeuer“ von Insel zu Insel

Eingebettet in den Jahreslauf des Insellebens gab es etliche Bräuche, die auch heute noch ausgeübt werden. Fast alle von ihnen sind aus der heidnischen Zeit überliefert und stehen in Zusammenhang mit der urgermanischen Götterwelt.
Beispielsweise wird in der Nacht des 21. Dezember, zur Wintersonnenwende, auf Föhr das „Thamsen“ betrieben. Jedermann tut gut daran, alle beweglichen Gegenstände vor Anbruch der Nacht ins Haus zu tragen, will man Mistkarren, Fuhrwerke, Fahrräder, Gartenpforten und anderes nicht in den folgenden Tagen in den Teichen und Gräben der Marsch suchen müssen.
In den westlichen Dörfern von Föhr und auf Amrum sind am Abend des 31. Dezember die „Hulken“ – verkleidete Gestalten – unterwegs, die früher namentlich zum Gefolge der Göttin Freya gehörten. Sie wünschen ein gesegnetes Neujahr, verschleppen aber auch alle losen Gegenstände außerhalb der Häuser und mahnen die Bewohner, in der Zeit der dunkelsten und längsten Nächte auf ihr Eigentum zu achten.
Besonders bekannt ist das „Biiken“, das am Abend des 21. Februar auf allen Inseln, Halligen und neuerdings auch wieder an der friesischen Festlandküste abbrennt.

Auf den Inseln und Halligen hat sich einiges an Brauchtum erhalten. Dazu gehört das „Biiken“ (oben) am 21. Februar, das sich zu einem regelrechten Volksfest entwickelt hat und besonders auf Sylt eine große Rolle spielt. Aber wenn es ums Feiern geht, wollen andere Landschaften nicht zurückstehen, und so werden die Biiken (Biaken) auch dort veranstaltet, wo es sie früher nie gegeben hat!

„Hulken“ heißen die vermummten Gestalten, die am Altjahrsabend, am 31. Dezember, von Haus zu Haus ziehen, um „Seegent Neijuar“, gesegnetes neues Jahr, zu wünschen. Dieses Brauchtum beschränkt sich aber auf Föhr und Amrum und sollte nicht verwechselt werden mit dem „Rummelpott-Laufen“ in plattdeutschen Gegenden.

Ein umfangreicher Haufen von Brennmaterial wird angezündet und lodert zum Himmel. Ursprünglich ein Opferfeuer für Wotan, wurde es nach der Christianisierung Teil eines Abschiedsfestes für die scheidenden Walfänger und Seefahrer. Heute verabschiedet man damit den Winter und feiert gleichzeitig ein „Friesenfest“, das die stammesgeschichtliche Identität bestätigen soll. Es ist ein schönes Bild, wenn in windstiller, frostklarer Nacht von Dorf zu Dorf und von Insel zu Insel die roten Feuer aufleuchten.

Landschaft der Friesen

Vor etwa tausend Jahren besiedelten die Friesen die Nordseeküste zwischen Holland und Dänemark. Sie kultivierten das weite Land der Moore und Marschen und errichteten Deiche gegen die Sturmfluten der Nordsee. Durch ihren Kampf mit dem Meer – als Deichbauer, weit gereiste Seefahrer, als Fischer und Rettungsmänner von Schiffbrüchigen, aber auch als Strandräuber – sind sie in Gedichten, Erzählungen und der Geschichte zur Legende geworden.

Sie galten und gelten vielleicht in manchen Vorstellungen noch heute als ein Volk voller Eigenarten, das sich unter die selbst entworfenen harten Gesetze des Küstenschutzes stellte und – obwohl die Friesen in den verschiedenen Landschaften nie eine politische Nation, nicht einmal eine Einheit bildeten – seine Freiheitsrechte gegen wechselnde Landesherren wohl zu behaupten wusste.

Friesen wanderten aus den Marschen der Rheinmündung in mehreren Wellen vom 7. bis zum 9. Jahrhundert über die Nordsee ein und begründeten das heutige Nordfriesland. Fast gleichzeitig tauchten von Norden her aber auch die Wikinger auf und besiedelten diesen

Nordfriesland war früher nie eine politische Einheit. Erst im Jahr 1970 erfolgte die Vereinigung der drei friesischen Kreise Südtondern, Husum und Eiderstedt zum heutigen Kreis Nordfriesland. Als Wappen wählte man jenes von Eiderstedt, dessen drei Schiffe für die drei Kreise stehen. Aber bis heute hat dieses Wappen keine allgemeine Verbreitung und Verwendung gefunden.

Auf Fahnen, in Eisen geschmiedet an Hoftoren, in Holz geschnitzt auf Haustüren und vor allem auf Andenken und sonstigem Krimskrams ist das Friesenwappen zu sehen, und Inselgäste lassen sich den Spruch „Leewer duad üüs Slaaw", Lieber tot als Sklave, übersetzen. Aber das Friesenwappen hat keinen historischen Hintergrund. Es war eher ein Kampfemblem in der Auseinandersetzung zwischen Deutsch und Dänisch und ist heute einfach das Wappen der Friesen.

Friesenhaus mit Weihnachtsbaum – ein stimmungsvolles Bild aus den dunklen Tagen und Nächten um die Zeit des Jahreswechsels. Der Weihnachtsbaum aber wurde erst Anfang des 20. Jahrhunderts populär. Er war vorher unbekannt, zumal es auch keine Tannen auf Inseln und Halligen gab. Es gab aber eine Art Ersatz, der auf Föhr und Amrum „Juulbuum" genannt wurde: ein Gestell wie ein Schiffsmast mit Rahen, umwickelt mit immergrüner Krähenbeere und mit Plätzchen behängt.

Küstenraum. Bald unterstanden die Nordfriesen dem dänischen Königshaus, und zwar bis zum Krieg zwischen Preußen/Österreich und Dänemark im Jahr 1864, als sie aus dem gemütlichen Dänemark herausgelöst und Preußen beziehungsweise dem Deutschen Reich einverleibt wurden. Schon lange aber hatte sich ein Gegensatz zwischen Deutsch und Dänisch – auch innerhalb der friesischen Volksgruppe – entwickelt. Im Gefolge dieser Auseinandersetzungen wurden deutscherseits das Wappen und der heute fast weltbekannte Kernspruch „Leewer duad üüs Slaaw“ (Lieber tot als Sklave) geprägt – ein Ausspruch, den die Friesen allerdings selten beweisen mussten. Doch in den 1840er-Jahren, als auch bei den Friesen eine Art „Nationalgefühl“ erwachte, wurden Wappen und Spruch sowie später die Fahne mit den Farben Gold, Rot und Blau ein Emblem für die Zugehörigkeit und den Zusammenhalt des Friesentums. Unpolitisch ist hingegen der Spruch „Rüm Hart – klaar Kiming“, sinngemäß „Offenes Herz – klarer Horizont“, womit die Geradlinigkeit des Denkens, aber auch die Welterfahrenheit der inselfriesischen Seefahrer zum Ausdruck kommt.
Friesen sprechen noch immer ihre eigene Sprache, das Friesische, das im nordgermanischen Sprachraum dem Englischen sehr nahesteht und besonders auf Sylt, Föhr und Amrum, aber auch in Bereichen der nordfriesischen Festlandküste sowie auf Helgoland verbreitet ist. Die Sprache aber ist unsichtbar. Und so war es an der schleswig-holsteinischen Westküste durch Jahrhunderte vor allem das reetgedeckte Friesenhaus, das Land

und Leute in ihrem Erscheinungsbild prägte. Aus seiner einfachen ursprünglichen Form entwickelte es sich entsprechend den Wohn- und Wirtschaftsverhältnissen und erreichte hinsichtlich seiner äußeren und inneren Gestaltung in der Seefahrerzeit die höchste Vollendung architektonischer Harmonie.

In der zweiten Hälfte des 19. Jahrhunderts aber breitete sich vom deutschen Raum her ein Haustyp aus, der noch heute vielerorts vorhanden ist und mit seinen überhöhten Wänden, dem abgeflachten Dach mit Teerpappe und dem eingekrochenen Giebel das Ortsbild stört. Dann folgte lange Zeit ein Sammelsurium verschiedenster Baustile und schließlich in den letzten Nachkriegsjahrzehnten der Flachdachbungalow als absoluter Tiefpunkt architektonischen Wirkens.

Bauwerke können eine Landschaft verzieren oder verschandeln. Rund hundert Jahre wurde in Nordfriesland kein Friesenhaus mehr gebaut, und in zunehmendem Maße verloren nicht nur eine Landschaft, sondern auch ein Volksstamm das ursprüngliche Gesicht. Erst in der Gegenwart erfolgt eine Rückbesinnung und damit eine Wiederentdeckung der bodenständigen Bauweise in Verbindung mit wachsendem Traditionsbewusstsein und dem Verlangen nach wohnlicher Harmonie in einer oft unwohnlich gewordenen Umwelt.

Friesenhaus, geborgen im Schnee.

Friesenhäuser und -stuben als Museen

Altfriesisches Haus – Keitum auf Sylt. Erbaut 1739 durch den Seefahrer Peter Uwen, heutige Einrichtung aus der Zeit um 1784. Schon 1907 im Besitz des „Sölring Foriining“ (Sylter Verein) und im Originalzustand erhalten. Typisches Friesenhaus mit Stallteil nach Westen und Wohnteil nach Osten. Im Wohnteil vier Stuben: der Dörnsk als tägliche Wohnstube, der Pesel als Stube für Festlichkeiten, eine Komer – eine Kammer mit Wandbetten – und die Köögen, die Küche. Bewohnt von Generationen von Seefahrern und von diesen mit Fliesen, Schiffstableaus und anderen Kostbarkeiten ausgestattet.

Am Kliff 13
25980 Keitum/Sylt
Tel. 04651 311 01
www.soelring-foriining.de/altfriesisches_haus.htm

Haus Lorens Petersen de Hahn – Schleswig-Holsteinisches Freilichtmuseum Molfsee bei Kiel. Lorens Petersen de Hahn, geboren 1668 in Rantum, wurde im Alter von 25 Jahren Commandeur Hamburger Walfangschiffe und gehörte bald zu den erfolgreichsten Walfängern des 17./18. Jahrhunderts mit entsprechendem Einkommen. Anno 1699, im Jahr seiner Eheschließung, ließ er in Westerland-Süderende ein stattliches Haus errichten, dessen Steinwände mit Fliesen geschmückt wurden, während die inneren Holzwände aus bunt bemalten Paneelen bestanden. Die Decke im Pesel, durch Balken mit Blumenmustern gegliedert, aber auch die Innenseiten der Wandbettklappen zeigten Szenen der Passionsgeschichte und Bibelsprüche. Das lang gestreckte Haus wies einen relativ großen Wohn-, aber nur einen kleinen Stallteil auf, weil der Hausherr im Eismeer sein Geld verdiente und die Landwirtschaft mit nur wenig Vieh von der Hausfrau betrieben wurde.

1937 kaufte die Stadt Westerland die abbruchgefährdeten Stuben und richtete diese im Museumsbau im alten Südbahnhof wieder ein. Dort wären sie beinahe einer Brandstiftung zum Opfer gefallen – ehe im Jahr 1967 eine Übernahme durch das Freilichtmuseum erfolgte und die Stuben im originalgetreu nachgebauten Friesenhaus des Grönland-Commandeurs einen bleibenden Platz fanden.

Hamburger Landstraße 97
24113 Molfsee
Tel. 0431 659 66-0 (Zentrale)
www.freilichtmuseum-sh.de

Im „Altfriesischen Haus“ in Keitum auf Sylt kann die Wohnkultur früherer Jahrhunderte besichtigt werden. Kennzeichnend sind die kleinen Stuben und niedrigen Decken der alten Friesenhäuser, vor allem aus Gründen der Beheizung.

Während der Pesel früher nur besonderen Anlässen diente, war die Kööv die tägliche Wohnstube. Diese Stube war als einzige durch den Beilegerofen beheizbar.

Das Haus des Sylter Grönland-Commandeurs Lorens Petersen de Hahn (1668–1747) wurde 1699 in Westerland erbaut. Nach einer Brandstiftung wurde das Haus im Jahr 1967 in das Freilichtmuseum Kiel-Molfsee versetzt.

Altföhrer Haus – Friesen-Museum Wyk. Das Haus Olesen wurde 1617 erbaut und stand ursprünglich in Alkersum. Es wurde 1927 – als der Abbruch des baufälligen Hauses bevorstand – vom Museumsverein erworben und am Friesen-Museum wieder aufgebaut. Es ist eines der ältesten Häuser in Nordfriesland und weist etliche altertümliche Bauelemente auf, beispielsweise eine aus Grassoden aufgeschichtete Wand und einen Giebel, dessen oberer Teil nicht gemauert, sondern mit Holz verkleidet ist. Der Fußboden besteht noch überwiegend aus gestampftem Lehm, nur im Wohnzimmer befindet sich ein Dielenboden. Sehr gut zu sehen ist auch das Ständerwerk, wie es über Jahrtausende für Friesenhäuser typisch war. Im Übrigen weist das Haus die charakteristische Querteilung in Wohn- und Stallgebäude auf. Mobiliar, Haus- und Küchengeräte sind noch in ihrer altertümlichen Art vorhanden, ebenso Gerätschaften, die früher in der Landwirtschaft verwendet wurden.

Rebbelstieg 34
25938 Wyk auf Föhr
Tel. 04681 25 71
www.friesen-museum.de

Königspesel – auf der Hanswarft von Hallig Hooge. Der Königspesel ist heute eines der schönsten Beispiele inselfriesischer Wohnkultur aus der Zeit des Walfangs und der Handelsseefahrt, die als „Goldenes Zeitalter" in die Geschichte eingegangen ist. Hausbau und Einrichtung des Pesels erfolgten um 1776 durch den Kapitän Tade Hans Bandix, der in Diensten einer Amsterdamer Reederei Schiffe in die Ostsee führte und diese auf einem Fliesentableau über dem Beilegerofen verewigte. Die Stube ist ganz mit blauen Fliesen ausgekleidet, die Motive der biblischen Geschichte zeigen, und enthält kostbares Geschirr und Mobiliar des 17./18. Jahrhunderts. Der Name „Königspesel" gründet sich auf den Besuch des dänischen Königs Friedrich VI. im Sommer 1825 anlässlich der verheerenden Sturmflut in der Nacht vom 3. auf den 4. Februar desselben Jahres. Der König übernachtete im Wandbett dieses Pesels.

Familie Bendixen
Hanswarft 11
25859 Hallig Hooge
Tel. 04849 219

Das „Altföhrer Haus“ wurde anno 1617 in Alkersum auf Föhr erbaut und wurde – durch Abbruch gefährdet – 1927 an das Friesen-Museum in Wyk versetzt, dank der Initiative des Museumsgründers Dr. Carl Häberlin.

Der Königspesel auf der Hanswarft von Hallig Hooge ist das schönste Zeugnis inselfriesischer Wohnkultur in der Seefahrerzeit. Im Winter dient die Stube noch realen Wohnzwecken – im Sommer aber wird der Pesel von Zehntausenden Inselgästen besucht.

Originale oder nach originalgetreuen Vorlagen restaurierte Stuben sind auch auf der Hallig Langeneß zu besichtigen – auf der *Honkenswarf im Haus Johannsen* und auf der *Ketelswarf im Haus von Kapitän Tadsen*, 1741 von Tade Volkerts erbaut, 1825 bei der großen Sturmflut fast vollständig zerstört. Von seinem Sohn, dem Kapitän Volkert Tadsen, wieder aufgebaut. Von diesem Kapitän stammt der Name des Hauses. Es zeigt auch äußerlich die ursprünglichen Merkmale des Halligshauses, darunter den Rundgiebel über Eingangstür und Dachbodenluke.

Familie Frerk Johannsen
Honkenswarf 1
25863 Hallig Langeneß
Tel. 04684 296
www.honkenswarf.de

Kapitän Tadsen Museum
Ketelswarf
25863 Hallig Langeneß
Tel. 04684 217

Friesisches Museumshaus – in Niebüll-Deezbüll. Das über 250-jährige Friesenhaus, 1929 vom Friesischen Verein erworben, zeigt außen und innen die typischen Merkmale des uthlandfriesischen Langhauses mit Wohn- und Stallteil. Fliesen sind jedoch nur an den Wänden der beiden Beilegeröfen vorhanden. Sie waren – weil die Festlandfriesen nicht wie jene von den Inseln und Halligen an der Seefahrt teilnahmen und Kontakte mit Holland hatten, sondern Landwirtschaft in den Marschen des Festlandes betrieben – dort viel weniger in Gebrauch. Stattdessen bestehen die inneren Wände aus Holz, blau bemalt und kunstvoll getäfelt, unter Einschluss des Ständerwerkes.

Osterweg 76
25899 Niebüll, Ortsteil Deezbüll
Tel. 0175 414 61 85
www.bs-niebuell.de/fm

Das „Kapitän-Tadsen-Haus“ (oben) auf der Ketelswarf der Hallig Langeneß wurde 1987 als Museum eingerichtet und erinnert an den Kapitän und Bewohner des Hauses.

Die „Friesenstube“ auf der Honkenswarf der Hallig Langeneß, von der Familie Johannsen eingerichtet, vermittelt neben zahlreichen Gegenständen aus der Seefahrerzeit die Wohngemütlichkeit des früheren Halliglebens.

Das „Öömrang Hüs" in Nebel auf Amrum (oben) war wie viele andere alte Friesenhäuser an auswärtige Architekten verkauft worden, die aber die Originalität des Hauses bewahrten und es 1992 dem Öömrang Ferian, den Amrumer Verein, übergaben. Seitdem ist das Haus eine von Sommergästen viel besuchte Attraktion und zeigt wechselnde Ausstellungen zu heimatkundlichen Themen.

Das über 250-jährige Friesenhaus in Niebüll-Deezbüll ist als Museum eingerichtet und vermittelt den zahlreichen Besuchern mit seinen originalgetreuen Stuben, der Küche und dem Stall die Atmosphäre früherer Wohngemütlichkeit. Rechts oben an der Decke ist noch die Schrägung der „Katschur" aus der Zeit der Ständerbauweise zu sehen.

Öömrang Hüs – das Amrumer Haus in Nebel, seit 1992 im Eigentum des Öömrang Ferians, des Amrumer Vereins, der sich um Kultur und Natur der Insel bemüht. Das in etlichen Räumen original bewahrte Haus gehörte zuletzt einem Hamburger Architekten, der es dann zu einem bezahlbaren Preis an die Insel zurückgab. Besondere Anziehungspunkte sind der kleine Pesel, die gute Stube mit dem Beilegerofen, der von der Herdstelle in der Küche mit Heizmaterial versorgt werden konnte, sowie das Wandbett, wie es früher in allen Friesenhäusern typisch war. In der mit dunkelblauen Fliesen (Kacheln) geschmückten Wand befindet sich ein Tableau mit dem Küstenfrachter „Die Frau Pöpke", von damaligen Hausbewohnern geführt. Originalgetreu ist auch die altertümliche Herdstelle in der Küche.

Öömrang Hüs
Amrumer Archiv & Museum
Waaswai 1
25946 Nebel/Amrum
Tel. 04682 21 18
www.oeoemrang-hues.de

Autor

Georg Quedens, geb. 1934 in Norddorf auf Amrum, lebt auf seiner Heimatinsel als freiberuflicher Schriftsteller und Fotograf. Er verfasste zahlreiche Bücher zur Geschichte und Natur der nordfriesischen Inselwelt, über die Nordsee und das Wattenmeer sowie Beiträge zu diesem Themenkreis in Natur- und Jagdzeitschriften. Im Ellert & Richter Verlag erschienen von ihm unter anderem „Nordsee Mordsee“ und „Weltnaturerbe Wattenmeer“. Für seine Verdienste um den Naturschutz und seine Regionalforschung zur Geschichte und Natur der Nordfriesischen Inseln wurde er im Jahr 2004 mit dem Mommsen-Preis des Kreises Nordfriesland und 2009 mit dem Bundesverdienstkreuz der Bundesrepublik ausgezeichnet.

Impressum

Bibliografische Information der Deutschen Nationalbibliothek
Die Deutsche Nationalbibliothek verzeichnet diese Publikation in der Deutschen Nationalbibliografie; detaillierte bibliografische Daten sind im Internet über <http://dnb.d-nb.de> abrufbar.

ISBN 978-3-8319-0435-8

Redaktion: Claudia Schneider und Simone Winkens, Hamburg
Gestaltung: Büro Brückner + Partner, Bremen
Lithografie: SMS Scheer Medien Service GmbH, Bremen
Gesamtherstellung: CPI books GmbH, Leck

www.ellert-richter.de

Bildnachweis: Alle Fotos Georg Quedens, Norddorf, außer:
Archiv Ellert & Richter Verlag, Hamburg: S. 87, 120 u.
Wilhelm Dreesen: S. 82/83, 106/107, 115
Hans-Jürgen Stöver, Wenningstedt: S. 41 u., 86 o.
Sylter Archiv, Westerland: S. 41 o.

Titel: Friesenhaus in Keitum und Frau in Friesentracht mit Kopfhaube
Rückseite: Gute Stube im Friesenmuseum Niebüll-Deezbüll